나이 듦의 미학

나이 듦의 미학

초판 1쇄 발행 2024년 2월 23일

지은이 박문신
펴낸이 장길수
펴낸곳 지식과감성#
출판등록 제2012-000081호

교정 김지원
디자인 오정은
편집 오정은
검수 이주희, 윤혜성
마케팅 김윤길, 정은혜

주소 서울시 금천구 빛꽃로298 대륭포스트타워6차 1212호
전화 070-4651-3730~4
팩스 070-4325-7006
이메일 ksbookup@naver.com
홈페이지 www.knsbookup.com

ISBN 979-11-392-1660-8(03810)
값 15,000원

- 이 책의 판권은 지은이에게 있습니다.
- 이 책 내용의 전부 또는 일부를 재사용하려면 반드시 지은이의 서면 동의를 받아야 합니다.
- 잘못된 책은 구입하신 곳에서 바꾸어 드립니다.

지식과감성#
홈페이지 바로가기

박문신 제2시집

나이 듦의 미학

목차

작가의 말　9

I. 열린 마음

오늘의 삶 - 14
5년을 더 살면 - 16
회춘(回春)의 꿈 - 19
젊음의 추억 - 21
내 마음의 행로 - 23
사랑의 변화 - 25
사랑, 믿음 - 27
기운, 힘 - 29
근심, 걱정 - 31
나이 듦의 미학 - 33
쓴소리의 맛 - 35
아내의 은혜 - 37
사랑의 미로 - 39
그리움의 꽃 - 41
봄에 떠난 여인 - 43
시냇물 연정 - 45
마음 소풍 - 47
친구, 네가 떠난 후 - 49
그 친구는 나의 복 - 51
시인의 기적 - 53
명문(名文)의 교훈 - 55
올해 나의 건강은 - 57
노화의 지연 - 59
욕심과 탐욕의 덫 - 61
우리 사회의 현실 - 64
통일의 염원 - 67
통일, 그날이 오면… - 70

II. 건강한 삶

일하는 사람 - 74
소풍 같은 삶 - 76
쉬어 가는 길 - 78
노화의 모습 - 80
오래 사는 길 - 82
소나무 숲 산길 - 84
장수의 비결 - 86
걷기 예찬론 - 88
삶의 보릿고개 - 90
고마운 마음 - 92
나의 선생님 - 94
맨발의 추억 - 95
청포도 사랑 - 97
외로움의 극복 - 99
바람에 마음 싣다 - 101
자식 자랑 - 103
어머니의 꽃 - 105
아버지의 지게 - 107

새벽 야근 - 109
갯바위 약속 - 111
강변 사랑 - 113
비 오는 날 - 115
오작교 사랑 - 117
로또와 복(福) - 119

Ⅲ. 일상의 이모저모

삶의 보람 - 122

마음의 태풍 - 123

노인 시대 - 125

부덕의 소치(所致) - 127

고향 5일장 - 129

6.25 전쟁과 오늘 - 131

아버지의 투잡 - 133

노인의 외출복 - 135

커피의 맛 - 137

커피의 향 - 139

김치찌개 - 141

김치찌개의 맛 - 143

오이지 참맛 - 144

쑥국 - 146

마트 냉면 - 148

산사(山寺)의 새벽 - 150

산에 오르면 - 152

텃밭 농사 - 153

새벽잠의 허구(虛構) - 155

신발 선택 - 157

한여름의 입맛 - 159

오늘날의 선생님 - 161

5일장의 애환 - 163

헛소리, 헛말 - 165

한글날 맞으며… - 167

IV. 자연을 보는 느낌

봄비 - 170
진달래 - 172
민들레꽃 - 174
봉선화 - 176
잡초 꽃 - 177
보릿고개 향수(鄉愁) - 178
여름휴가 - 180
열대야(熱帶夜) - 182
삼복더위를 맞으며 - 184
찜통더위 - 186
소나기 단상(斷想) - 188
소나기 찬가 - 190
계곡에서의 피서 - 192
강물의 범람 - 193
홍수의 책임 - 196
바다와의 약속 - 198
가을이 오면… - 200
가을, 고독의 날개 - 202

갈대숲 사랑 - 204
코스모스 꽃길 - 206
해바라기 - 208
가을 찬가 - 209
가을 하늘 - 211
한가위 보름달 - 213
낙엽의 삶 - 215
겨울나기를 위해선… - 217
눈꽃 사랑 - 219
새해엔
더 긍정적인 삶을… - 221

시작 노트 - 224

작가의 말

오늘날 세상은 하루가 다르게 빨리도 돌아갑니다. 우리나라가 선진국 되었다고 팡파르를 올리며 겉멋을 좀 부리던 게 엊그제였는데, 이젠 심각한 경제 부진에다 정치권의 좌우 간 극한 대립이 격화되고 끔찍한 대형 사고가 빈발하는 등 후진국형 개도국에 머무르고 있다는 평에서 자유롭지 못합니다. 무엇 때문일까…? 무엇이 올가미처럼 강하게 목을 조이듯 숨통을 누르고 발목을 잡고 뒤로 당기고 있는지…? 알다가도 모를 일입니다. 그냥 앞만 보고 달려온 우리의 기적 같은 삶이 이렇게 절벽 앞에 좌초하여 방황하고 있을 것이라고는 아무도 예측하지 못했습니다.

개인의 사정도 마찬가지입니다. 모든 일이 잘되어 간다고 너무 자만해서는 안 된다고 생각합니다. 내 자신이 열심히 노력해서든 또는 운의 덕이든 좋은 결과를 맞이했다면, 좀 더 겸손하고 자신을 낮추는 겸양의 자세를 견지할 필요가 있습니다. 그래야 중단 없는 전진과 더 나은 발전의 계기를 맞이할 수 있으며 새로운 도약을 마련할 수 있다고 생각합니다.

무릇 성공하는 사람은 항상 사랑과 양심, 겸손의 마음가짐에 더하여 남을 이해하고 배려하는 데 솔선수범하는 보다 진일보한 이상을 견지하고 있습니다.

시를 대하는 자세도 무엇보다 겸손해야 한다고 생각합니다. 시인으로 등단하고 시집을 냈다고 해서 우쭐대고 거만을 떨거나 시작 연구에 소홀히 해서는 훌륭한 시를 낼 수가 없습니다. 언제나 초보 단계라는 입장에서 자신의 시작 역량이 부족하고 부실하다는 생각하에 남보다 훨씬 더 노력하는 견실한 태도를 가질 것이 요구된다 하겠습니다. 시를 작성함에 있어 시어, 시구, 시상에 남다른 몰입의 경지를 탐색하는 자세로 언제나 '시의 구상'을 보다 진취적인 입장에서 생활화하는 습관을 갖추어야 한다고 생각합니다.

시작(詩作)은 한마디로 인생철학을 탐색하는 길이라 할 수 있습니다. 아무나 철학을 논할 일은 아니지만 그래도 시인이 되겠다는 사람이라면 우선 철학자로서의 지식을 다방면에 겸비해야 한다는 주장에 동의하고 싶습니다. 그렇다면 뒤늦게 시작에 입문하고 나서, 철인(哲人)이 될 수 있는 것인지…? 아무나 인생을 논한다고 해서 철학자는 아닌 것인데…. 철학자보다 한 단계 위의 시인이 된다는 것은 정말 '하늘에 별 따기'만큼이나 어려운 게 아닐까…? 그렇기도 한 것 같습니다.

노인은 나이가 깊어 갈수록 본의 아니게 몸을 추스르는 맵시부터 행동거지, 마음가짐 등에서 모두가 예전 같지 않고 노추(老醜)를 벗어나지 못함을 경험합니다. 시를 쓴다는 사람으로선 무엇보다 이러한 노추를 극복하고 남보다 더더욱 아름답고 미려하게 젊어 보이도록 힘써야 할 것입니다. 시인은 언제나 온 누리에 따듯함을 전한다는 각오로 추한 욕심에서 벗어난 특유의 인간미를 듬뿍 담은 선인(善人)이 되어야 하겠습니다. 또한 늘 공부하는 자세를 견지하면서 남을 이해하고 포용하는 데 솔선함으로써 젊은이 못지않게 '청춘미의 삶'을 선도(先導)하는 사람이 되어야 합니다.

　내가 시인다운 시인이 될 수는 있을까…? 시를 쓰면 쓸수록 이러한 의문이 깊어집니다. 어렵고 난해한 일이지만 묵묵히 이어 갈 수밖에 없습니다. 지평선 넘어 먼 목적지에 다다르지 못하더라도 최선의 힘을 다해 노력하고 정진하면 좋은 결과를 맞이할 것이 분명합니다. 누구에게나 기쁨을 선사할 수 있는 대상을 찾아 오늘에 충실하면 보다 나은 내일의 아름다운 선물을 받을 것입니다. 노력해서 안 되는 일은 없다 했습니다.

2024. 1.
박문신

I. 열린 마음

오늘의 삶

나의 삶은
오늘의 삶에 치중하고 싶다.

오늘의 무의미한 삶은
내일이 없는 삶이고
오늘을 성실하게 살아야
내일의 삶이 확실히 보장된다.

오늘의 삶이
아무리 참고 견디기 어려워도
내일을 믿고 이겨 나가면
오늘보다 더 나은
내일은 반드시 온다.

오늘에 살고
오늘을 위해 사는 것은
내 존재의 가치이며
나의 정체성을 확립해 주는

올바른 신념의 징표이다.

오늘도 착하고 부지런하게 살면
내일의 내 삶은
행복 지수가 변함없이
죽 올라가며
태양이 밝게 비추어 준다.

5년을 더 살면

앞으로 5년간 내 삶은
지나온 내 삶의 어려움보다
몇 배 아니 그 이상 힘들 것이다.
더할 나위 없이 고난의 길 아니면
일찌감치 생을 마감할지 모른다.
80대 후반의 건강한 삶이란
낙타가 바늘구멍으로 들어가기만큼
어려운 게 합당한 사실이다.
몸은 이곳저곳 성한 곳 없고
그런 건강을 지닌 채
힘들게 살아갈 수밖에 없다.
5년이라면 긴 세월이다.
하고 싶은 일, 할 수 있는 일들을
깔끔하게 마무리해 보고 생을 다했으면
이게 나의 바람이요, 꿈이다.

(1) 비움의 삶
더 가지려고 바동대며 살지 말아야 한다.

욕심의 너울 속에 허둥대며
내가 가진 게 부족하다는 생각
이를 말끔히 청소해야 한다.

(2) 겸손의 마음가짐
가까울수록 겸손의 미덕을 갖추어야 한다.
삶에 대한 고마움보다 죽음에 대한 겸손이
더 중요하고 값진 일이다.
겸손은 더할수록 값이 더 나간다.

(3) 소식과 절제
지나침은 아니 감만 못하다.
과식과 과음을 금함은 절체절명의 명제이며
내 삶의 기본적인 정도(正道)이다.
절대로 느슨한 결심이 되어서는 안 된다.

(4) 운동의 습관화
게으름은 건강의 적이다.
규칙적인 적당한 운동으로 건강을 지키고
운동이 지나치거나 부족함이 없게 한다.

(5) 감사의 마음
대접을 받아야 한다는 생각을 버리자.
모든 일에 항상 감사하는 마음
이게 나를 위한 길이요.
내 존재의 가치를 일깨워 주는 길이다.

5년 후면 88세의 나이다.
내겐 너무 오래 사는 명(命)이 아닐까.
5년 후에도 건강하다면 5년을 더 연장…?
오래 산다고 좋은 것 아닌데
건강하게 착하고 부지런하게 오래 살면
이는 천명(天命)을 바르게 끝내는
삶의 위대한 여정(旅程)이다.

회춘(回春)의 꿈

노년에 들어
누구나 회춘을 꿈꾼다.
회춘의 꿈은
집요하고 강인하며 전투적이다.
'도 아니면 모'란 생각으로
올인하며 즐긴다.

회춘하려는 자는
은밀한 속임수에다
과대포장에
음모와 모략에도 속는다.
회춘이라는 사탕발림 보약에
거금을 낭비한다.

회춘을 원하는 사람은
육신은 병들고 마음이 녹슨 사실을
온통 부정하려 한다.
일거에 옛날 청춘으로 돌아가고 싶은

욕심과 허세에 헤매기 일쑤다.
일종의 회춘 병(病)이다.

착하고 부지런하게 살고
무엇이든 좋아하는 일에 열중하면
건강 유지와 함께 회춘이 저절로 온다.
마음 비우고 잘 먹고 잘 자면
회춘은 자연히 찾아온다.

젊음의 추억

80대 중반 들어
젊은 시절이 새롭게 조명된다.

그 시절이
아름다웠고 좋았다기보다는
아쉽고 후회스럽고 원망도 된다.

조금만 더 노력할걸
건강을 우선 챙겼어야 할걸
경제, 돈에 좀 더 신경 쓸걸…
모든 게 부족, 부실했다.

노후의 삶은
나날이 내려가기 일색
오름은 오직 섭섭한 마음뿐
아내나 자식들의 일거수일투족은
나와는 관계가 점점 멀어지고
마냥 나는 외톨이 신세로 전락

내 가족, 내 가정을 위해
혼신의 힘을 다한 내 정성은
어디로 가 소멸되었는지…
알다가도 모를 일
암운(暗雲)이 수수로울 뿐이다.

내 마음의 행로

내 마음 안에
오르기 어려운 산도 있고
건널 수 없는 강도 있으며
가파른 절벽도 놓여 있다.

아무리 발버둥 치고 노력해도
산 정상에 오르지 못하고
강물 쉽게 건너지 못하고
드높은 절벽에 막혀 좌절하고
낙담 끝에 포기하기도 한다.

어쩌다 숨 가쁜 도전 끝에
정상 오르기에 성공하더라도
산 넘으니 더 높은 산 있고
더 깊고 넓은 강도 만나게 된다.
절대로 뒤로 물러서지 말고
중심을 똑바로 잡아야 하며
실패를 거울로 삼아

홀연히 재도전해야 한다.

내 삶에서 극복해야 할
산과 강은 소멸하지도 않거니와
완전한 정복도 불가능하다.
산과 강물을 물끄러미 응시하면서
잠시 쉬어 간다는 가벼운 마음으로
삶의 여유(餘裕)를 갖고
새로운 도약을 꿈꾼다.

포기나 절망은 금물이다.
절벽도 쉽게 돌아갈 수 있다는
유유자적(悠悠自適)한 마음가짐이
때로는 목적지에 이르는
성공에 다다르는
가장 빠른 지름길일 수 있다.

사랑의 변화

청춘의 사랑은
활화산에 솟는 용암과도 같다.
이리 봐도 저리 보아도
싫증은 없고 끌림만이 있다.
연민과 그리움이 넘치고
서로 다른 매력만이 존재한다.
언제나 마주하고 밀착하며
혼을 바치겠다는 열정의 마음으로
입맞춤과 포옹이 절정을 이룬다.

중년의 사랑은
거리와 공간이 필요한 자석과 같다.
서로 다른 공간을 찾다
가끔 혼내고 혼날 때도 있으며
상처를 주고 상처를 받기도 한다.
허전함도 깊어져 고독을 되씹으며
마주 보는 공간에 조금은 멀어지려 한다.
그래도 어쩔 수 없어

뒤돌아보면서
상대를 이해하고 용서하니
은은한 새로운 정이 움돋는다.

노년의 사랑은
오래된 덤덤한 친구와 같다.
내가 아니고
남이 옆에 있음을 느끼면서
사랑도 식고 마음마저 남루하지만
이별은 끝내 하지 못하고 주저한다.
얼굴의 주름보다 많은 갈등도 있지만
서로를 아껴 주지 않을 수 없는
고마움도 안타까움도 있어
쌓이고 쌓인 옛정으로 산다.
평화, 여유, 행복은 여기에 있고
평온이 깃드는 삶이다.

사랑, 믿음

사랑과 믿음은
사랑하니까 믿을 수 있고
믿음이 가니 사랑한다는
주고받음의 마음가짐이다.

사랑은
삶을 영위해 가는
'존재의 가치'를 뜻하며
믿음의 관계를 좌우하는
핵심적 역할을 한다.

사랑하는 마음은
미움, 증오를 불식시키고
화합, 평화를 낳으며
열정, 인내심도 갖게 한다.
기쁨과 희열도 선사하며
'사람다운 사람'에 깃든다.

사랑은 믿음과 함께
주고 싶으니까 주는 것일 뿐
반대급부를 바라는 행위가 아니다.
계산적이고 이해타산이 섞이면
사랑과 믿음은 무의미해지고
그의 존재가치를 잃고 만다.

사랑과 믿음이 부실한 사람은
남을 헐뜯고 비방하기를 즐기며
그와 싸우고 대립한다.
자기불신의 골도 깊어져
자아붕괴의 계기로 전락하고 만다.

기운, 힘

나이가 깊어 갈수록
해가 거듭될수록
기운과 힘은 점점 약해진다.

식사량도 운동량도 줄고
만남도 활동도 시들해지고
그 빈도도 자연히 뜸해진다.

숨은 차 오고 가슴도 답답하고
식욕도 약해져 식탐이 삭고
머리도 아파 오고 윙윙 어지러우며
허리와 등도 굽어진다.

계산과 기억력이 현저히 약화되고
가까운 일도 금세 잊는다.

이 모든 게
자연의 순리라고 하지만

마음만은 젊게 갖추고
오늘에 충실하고 내일도 힘차게
착하고 부지런하게
이것만이 내가 사는 길이다.

근심, 격정

누구든 언제나
근심, 격정하며 살아간다.
노심초사(勞心焦思)하고
전전긍긍(戰戰兢兢)하며 허덕인다.
다 같이 못살던 옛 시절
고생 겹치고 어렵게 살았지만
근심, 격정에 묻혀 살지는 않았다.

근심 격정은
지나친 욕심과 탐욕에서 빚어진다.
가족, 친구 간 불화의 원인도
나의 정신적 불안의 근저에도
사회적 병리현상에 대응하지 못함에도
대부분 내 마음 비우지 못하고
남 탓, 사회 탓이라는 인식…
그런 잘못된 마음가짐에 기인한다.

근심, 격정은

스트레스 해소를 저해하고
정신적 긴장도를 높이며
자기 컨트롤을 크게 이완시킨다.
건강을 해치는 감정으로
여러 가지 질병도 유발한다.

깊은 숲속 나무들 사이로
새소리, 물소리, 바람 소리 듣고
파란 하늘 올려다보며
자연과 접하며 자성(自省)해 보자.
비운다는 마음 가다듬고
모든 것 스스로 내려놓으면
내 마음엔 긍정 에너지 넘친다.

언제나 착하고 부지런하게
밝고 명랑하게 살아가면
내 안의 근심, 걱정은
애초부터 싹도 트지 않는다.

나이 듦의 미학

들어섰노라 더 빠르게
어느새 80대 중반
나도 모르게 너도 모르게 벌써
복(福)이라면 복인가
아니면 해(害)일까… 모른다.

옛날 어른들은
곱게 늙어라 젊게 살라 했다.
추하게 보이지 말고
지적이고 후덕(厚德)한 모습으로
겸양의 미덕을 갖추면
그게 나잇값의 미학이라 했다.

너무 무관심해도 안 된다.
긴장감에 지나쳐도 안 좋다.
세상사 흘러가는 물처럼
샘물이 바다를 이루듯이
내가 한 알의 밀알이 되도록

나이를 잊을 수 있듯이
모든 상실을 극복하라 했다.

과일이 잘 익어
맛깔스럽게 맛이 들듯이
나이 듦에 남보다
곱게 익고 잘 늙으면
귀하고 우아하게 보일 것이다.

욕심을 비우고 내리고 접고
열심히 바르게 살고
남보다 부지런하게 살면
설익은 부실이 지워지면서
나이 듦에 따라
아름다운 모습이 저절로
이곳저곳 돋아나 꽃을 피운다.

쓴소리의 맛

쓴소리보다는
단소리가 달콤하고
귓속에 쏙쏙 들어온다.

남의 말에
토를 잘 달고
딴지를 잘 걸거나
정곡을 찌르는 비판에 익숙해도
좋지 않다.

남을 속절없이 깎아내리고
자기를 이유 없이 높여도
상사에 직언하기 일쑤이거나
아부적 짙은 말만 해 대도
모두에게 외면당하기 쉽다.

나이 들어 감에
쓴소리는 가급적 금하고

너무 바른 소리도 피해야 한다.
상대를 쓴소리로 설득하기란
하늘의 별 따기처럼 어렵고
외면받기 일쑤이고
쇠귀에 경 읽기나 마찬가지다.

쓴소리든, 단소리든
마음가짐의 바람직한 상이 아니요
관계를 위한 열린 마음이 아니다.
폭언은 마음을 해치고
지나친 미사여구(美辭麗句) 구사도
결과를 상하게 한다.

아내의 은혜

꽃다운 나이에
내게 시집온 아내
함박꽃처럼 화사한 얼굴에
백옥 살결로 빚어낸
둥근 보름달이 분명했지.

인연을 맺은 지
벌써 55년이 지났네.
머리는 백발로 둔갑한 지 오래고
얼굴에 주름살, 검버섯 짙어
이곳저곳 병마(病魔)에 시달린
고생 줄 흔적들 역력하네.

맛있는 것
따듯한 음식, 건강식 챙겨
항상 남편 위주로 살았지.
남편 성공 위해
언제나 희생 주저하지 않았고

검소한 일상으로 일관한 아내

이제 남은 건
아내의 인고에 대한
나의 합당한 답례의 차례뿐이다.
내 의지, 내 결심은
저 지평선 넘어 끝없이 펼쳐진
바다만큼 넓고 깊게
아내의 은혜에 대한 보답의
아름다운 결실이다.

사랑의 미로

나의 사랑은
연민이었고 소망이었으며 꿈이었다.
내 가슴속 깊은 곳은
환희와 따사로움으로 가득했다.
두 볼의 어울리는 엷은 보조개
동그란 눈망울에 해맑은 눈빛
곱게 빗은 머리카락 윤기
모든 게 향기로 넘실댔다.

나의 사랑은
나만의 고통이었고 슬픔이었다.
먼발치에서 골목길에서, 지하철에서도
당신을 마주한 것만으로
나는 행복하였다.
걱정과 근심이 짙은 당신의 모습
나는 고통으로 가슴이 미어졌고
마음은 저리고 시리었다.

당신에 대한 나의 사랑은
환상이고 불면(不眠)의 밤이었다.
어느 날 당신이 안 보일 때
난 신음하고 방황하며 좌절하였다.
포기할 수밖에 없는 시련과 공허감으로
수많은 밤을 뜬눈으로 지새워
끝내 절망의 나락으로 떨어져
사랑의 미로에서 헤매었으며
지금까지 잊지 못하고 있다.

그리움의 꽃

그리움은 즐거움을 준다.
나만 마음 졸이고
빙긋 웃으며
나만의 사랑인 그림이다.
깨끗하고 순수하며
티 없이 해맑은
내 마음의 보고(寶庫)이다.

그리움은 기쁨을 준다.
언제나 내 옆 가까이 있고
내 머릿속 가득 차 있다.
나의 숨결이고 목숨이며
나를 묶어 맨 쇠사슬이다.
내 안에 존재하는
내 영혼의 반려자(伴侶者)이다.

그리움은 고독을 불러온다.
온기 없는 독방에 적막 내리듯

내 가슴 싸늘하게 식어 간다.
그대의 모습 조용히 떠올리고
나를 잊은 방황의 길목에서
벼랑길 혼돈(混沌) 속에 파묻힌다.

그리움은 희망을 안겨 준다.
겹겹이 쌓인 정겨움과
오랜 번민 끝에 용기 내어
다시금 굳은 결연을 다짐한다.
홀연히 새싹을 돋우고
마음 꽃 만개(滿開)를 약속한다.

봄에 떠난 여인

봄비 내리는 날
당신은 무정하게도
내 스산한 표정 뒤로한 채
여름비 같은 빗줄기 속으로
레인코트 깃 추켜올리고
말없이 바람처럼 쏜살같이
내 곁을 떠나갔습니다.

내 곁에 당신이 있었기에
난 사랑이 무엇인지 터득했고
행복이 무엇인지도 알았습니다.
당신의 사랑이 있었기에 난
존재의 가치를 알 수 있었고
생명의 귀함을 터득할 수 있었습니다.

우린 서로
그토록 사랑했기에
지금도 사랑하고 있기에

앞으로도 사랑하지 않을 수 없기에
서로 잊을 수 없고
잊어서도 안 됩니다.

당신은 떠나갔지만
나는 당신을 보내지 않았습니다.
우리는 다시 만나
영혼의 세계를 마주하고
불멸의 반려자로 마주할 것입니다.

시냇물 연정

용문산 심심계곡에
내 고향 마을 중심을 가로지르는
티 없이 맑고 깨끗한 시냇물
마을 사람 삶의 젖줄이자
생명선이었습니다.

시냇물은
새벽녘엔 물동이 음료수로
보를 막아선 농업용수로 활용되었습니다.
삼복더위 해 질 무렵엔
아낙네들 시냇물에 서식하는
다슬기 잡아 영양 보충 하였습니다.

윗말 오동나무 집 순옥이도
아낙네들 틈에 끼어 다슬기 잡았지요.
나도 다슬기 잡겠다고 동분서주
종다리에 웬만큼 담아지면
순옥이 그릇에 모두 옮겨 주곤 했습니다.

한밤중 열대야엔
시냇물 윗목 빨래터엔 동네 여인들
그 아랫목 고인 물엔 동네 남자들
시원한 물에 발 담그고
왁자지껄 객담하며 더위를 식혔지요.

고향 떠난 지 몇십 년
시냇물 목욕하던 순옥의 여린 뒷모습
다슬기 잡던 순옥의 굽은 뒤태
그리워라… 내 연민의 정
지금 순옥은 살아 있을까…?
엄청 보고 싶을 뿐입니다.

마음 소풍

세상이 너무 소란해
마음도 울적해짐 피할 길 없다.
왜인지 불안하기도 하고
어느 땐 숨통이 조여 옴을 느낀다.
어떤 특효약 없을까…?
내 마음 나도 몰라 치료 약으로
마음 소풍을 가져 본다.

텃밭 일에 나선다.
검정 고무신 신고 혹은 맨발로
삽이나 또는 호미를 들고
흙을 파헤치고 덮고 반복한다.
온몸에 흙 기운이 번지고 운동하니
등골에 땀이 고이고
우울한 기분 금세 청소된다.

숲길 산책도
마음 소풍으론 최선의 길이다.

깨끗한 공기 마시고
숲속을 거닐면 마음이 상쾌해진다.
숲길 중 소나무 숲속의 정화는
기대치를 훨씬 초월한다.

친구를 만난다.
아주 가까운 친구를 만나
정도 나누고 객담도 하고
술도 한 잔 나누면
자신도 모르게 울적한 마음
말끔히 청소된다.

친구, 네가 떠난 후

네가 없는 세상
암흑이고 지옥이 맞아
기쁨도 즐거움도 없고
기다림도 낭만도 없지 싶다.

너와의 대화는
꿈이었고 희망이었으며
용기를 얻는 계기가 되었지
너의 말 한마디 한마디는
언제나 고맙고 시원했다.
내 가슴속 생활신조로 삼아
나의 주춧돌이었고 대들보였으며
마을 앞 느티나무 격이었지.

너의 삶은
내 삶의 일부이고 전부였으며
내 삶의 모토였어.
난 언제나 너같이 너만큼

말이나 행동거지에서도
너의 삶을 닮으려고 노력하였지.

네가 떠난 후
난 황량한 벌판에 내동댕이친
고아(孤兒)의 신세로 전락하였어.
바람 빠진 풍선이었고
날개 잃은 기러기가 되고 말았지.

우린 하늘나라에서
만나고 다시 살 수 있을까…?
그날을 기다려 보자.

그 친구는 나의 복

그 친구는
달빛처럼 늘 은유했고
언제나 밤하늘 별같이
반짝이고 빛났으며
봄볕처럼 따스함 짙고
온화함으로 가득했다.

그의 마음, 그의 말과 행동
듣기만, 느끼기만 해도
믿음과 겸손이 온몸 휘감았다.
그를 닮으려 애쓰며
흉내라도 내려 노력했지
그의 나눔과 은혜에 절반만이라도
베풀고 살면 참 좋겠다는
그 생각 갖고 내 나름대로
그렇게 노력하고 살았던 거야

세상에 그가 없었다면

나는 다른 사람 되지 않았을까…
그를 친구로 갖고 있음은
나의 복(福)이요, 천운이었다.
누가 뭐라 해도 나에게 그는
최고의 은인인 동시에
나의 형제요, 부모나 다름없었다.

그는 내 잠든 영혼을 일깨워 주고
내 안의 나를 찾게 한 천사요
내 살아온 여정과 앞길에
큰 횃불이었다.

시인의 기적

나는 시를 좋아한다.
시인이 되겠다고
시를 쓰고 공모전에도 내어
시인으로 등단하였다.
내가 시인인 것은 맞지만
난 '훌륭한 시인'과는 거리가 먼
격이 다른 사람인 듯하다.

시를 쓰면서
종종 시다운 시를 쓰겠다고
늘 기도하고 바라며
내 스스로 열심히 노력했다.
하나님에게, 조상님에게
도와 달라고 무수히 빌기도 했다.

시인은
'사람다운 사람'만이 될 수 있다 한다.
사람다운 사람이라도

정말 '시다운 시'를 써내어야…
이를 연작할 수 있어야
훌륭한 시인이 될 수가 있다.

기적(miracle)은
가치 창조를 위한
끝없는 도전과 노력의 결과물이지
기도나 바람으로
이루어지는 것은 절대 아니다.

시작 활동의 지속은
내 정신, 내 육체의 건강에
건전하고 강인함에
플러스 요인으로 작용한다.

명문(名文)의 교훈

우리는 매일매일
아름다운 글, 명문을 접한다.
보면 볼수록, 읽으면 읽을수록
감동 주고 심금을 울리는
아름다운 글귀들에 매료된다.

명문을 읽고는
반성도 하고 후회도 한다.
부실했고 도리에 어긋났음을
솔직히 인정하고 고치려 한다.
지금부터라도 정신 차리고
사람답고 훌륭하게
잘 살아야겠다고 다짐한다.

작심삼일(作心三日)인지
며칠 못 가 잊고는
전과 다름없는 일상이 이어진다.
너무 인간답게 살려고 무리하면

오히려 실패하고 낙오한다는
잘못된 생각으로 위로한다.

선택은 자신의 몫이다.
명언의 교훈을 거울로 삼고
자기혁신의 기회로 이용하면
도약하고 재기할 수 있지만
게으름으로 일관 멀리하면
분명 낙오자로 전락한다.

좋은 말의 교훈은 멀리 있지 않고
바로 내 안에서
새로운 나를 만든다.

올해 나의 건강은

금년 건강검진은
너무 힘들었고 혼쭐이 났다.

이 몸 늙고 처져 있는데
대장내시경까지 힘들게 하고
몸살감기까지 겹치다 보니
이게 바로 내 나이구나 했다.

그래도 2년 전보다
건강 수치가 나빠진 게 없고
담당 의사 총평하기를
5년은 더 걱정 없다고 했으니
내 스스로 관리를 잘한 덕이다.
80대 중반의 노인이지만
내 마음 좀 상쾌해졌다.

이제는 건강검진이
필요 없는 나이라고들 하는데

괜히 없는 병(病) 들추고
고민, 걱정도 사서 하게 한다.
건강검진 해서 오히려 건강이
전보다 악화될 수도 있다는데
유의하고 잘 선택하자.

노화의 지연

노화는
멈출 수는 없으나
늦출 수는 있다.
운명을 극복할 수는 있지만
제거하기는 어려운 게
우리네 인생사이다.

노화는 자연의 순리요.
생의 마지막 단계에서
누구든 자유롭지 못한 게
우리네 운명이다.

건강과 노화는
반비례하는 인과관계이다.
건강하기 위해
노력, 투자, 집중하는 만큼
노화를 늦출 수가 있다.

노화를 지연시키고
생을 담보할 수 있는
디딤돌을 구축해야 한다.
나아가 자신의
죽음도 늦출 수 있는
강한 결의가 요구된다.

욕심과 탐욕의 덫

1.
억압과 탄압으로 얼룩졌던 그 시절
가난과 배고픔으로 찌들었던 그때
우린 기약 없이 희망을 갖지 못하면서
모두가 속절없이 어렵게만 살았다.
가진 게 별로 없고 가질 수도 없어
다 같이 못살고 힘들었던 그 상황에서
과욕과 탐욕은 남의 것으로 여겼다.

2.
하루하루 작은 소망을 간직했지만
더 가질 게 없다고 의기소침 외면한 채
그저 오늘이 있으니 오늘에 살고
내일이 다가오니 내일을 또 맞이할 뿐
우린 서로 우두커니 바라보기만 했다.
막막한 절망이 드리운 절벽 아래서
신의 도움이라도 받겠다고 기도하면서
가족의 안녕만이 최고인 양 버티며 살았다.

3.
어느 때부터인가 나라 살림 나아지면서
내 주머니 조금 넉넉해져 여유로웠고
차차 내 집, 내 아파트, 내 차도 갖게 되었다.
배가 부르고 나니 남의 떡만 크게 보이는
욕심의 단초가 생기어 점점 커져 가더니
탐욕으로 변한 나쁜 성향에 영합하고는
우린 혼탁한 사회의 일원이 되고 말았다.

4.
우리나라 국민은 지금
경제가 발전하고 국민소득도 늘어나
선진국이 되었다고 자화자찬한다.
그러나 물질에 대한 욕심과 탐욕의 기관차는
브레이크가 고장 난 채 내달리기만 하는 열차
인간의 존엄성과 자존감을 등한시한 지 오래다.

5.
더욱이 정치는 여나 야나 올바름이 실종되고
온통 사회는 인륜을 저버린 범죄가 빈발하고

남을 헐뜯고 모함하는 추세가 대세를 이루고
사기와 투기가 난무하는 사회가 조성되고 있다.
국민 대다수가 외모와 명품만을 선호하며
양심과 인성(人性)을 홀대하고 버리는
허세와 광란의 춤이 도처에서 만개하고 있다.
인간성을 상실한 사회적 병리현상이 난무한다.

6.
욕심과 탐욕으로 얼룩진 이 덫은
자아붕괴요, 망국(亡國)의 지름길이다.
국가가 더 번영하고 발전하려면
우리 모두가 버려야 할 당면 과제이다.
자유, 희망, 양심이 존중되고 보호받는 사회
누구나 부지런하게 일할 수 있는 열린사회가
명실상부한 '부자 나라'의 정도(正道)이며
선진국의 명패(名牌)인 것이 분명하다.

우리 사회의 현실

1.
내 나라 안 사정이
혼란, 어수선함 일색이라
살맛 안 나고 우울감만 짙어진다.
올여름 열대야 유난히 무덥단 느낌도
바로 우리들 세상 탓이란 말이 맞다.
누가 누구를 탓하기도 어렵고
나서서 나무랄 처지도 못 된다.
모두가 다 그렇고 그래서인지
믿을 사람 하나도 없지 싶다.

2.
우리 사회 저변엔
사건·사고가 연일 바람 잘 날 없다.
개인·사회적 분노와 갈등이 만연되어
강력범죄가 빈발하고 있다.
치안만큼은 한국이 세계 제1이라는
세간의 평은 남의 이야기가 아닌가…
세계 제1위의 자살 공화국이 된 지도

이미 오래전의 이야기이다.
내 목숨 내가 지켜야 한다고
보호 장비 갖추려 아우성인
오늘날의 대한민국 현실…
삶의 의미와 보람마저 잊은 듯해
황망(慌忙)하고 부끄러워 몸 둘 곳 없다.

3.
국내 정치 상황은
여야 간 협치(協治)를 찾아 볼 수 없고
애국, 애족의 마음도 메말랐고
상대를 전혀 인정 않는 독선에 젖어 있다.
국민 편 가르기에 이골이 난 채
자파제일주의에 나만 옳다고 주장한다.
양심, 인간애, 겸양과는 담을 쌓으며
오로지 자기, 자파 이익 챙기기에 몰두한다.
말로는 혁신(革新), 혁신 외쳐 대고
혁신의 그림자도 보여 주지 않은 채
욕심, 탐욕의 너울만이 넘실댄다.

4.
나로선
하늘을 우러러보며
한 점의 부끄러움도 없다고
자성(自省)의 잣대로 소리쳐 보지만
돌아오는 답은 '너도 그렇다'의 힐책이다.
어제도 오늘도 불안감이 엄습해 오는
고립무원(孤立無援)의 세상이다.
각자도생(各自圖生)으로 살아가는 길만이
나의 최선의 방책이라고
내 자신을 힐책하며 산다.

통일의 염원

1.
동서독이 갑자기 통일되었듯이
남북한도 조만간 통일이 이루어졌으면 한다.
소련 연방이 하루아침에 무너지었듯
중국도 여러 민족국가로 분리 독립된다고 하니
중국공산당이 붕괴되면
북한은 자연히 중국 따라 망할 수밖에 없다.
이때 우리에겐 통일의 기회가 찾아온다.
기다리고 고대하던 우리의 소원 통일이
자연스럽게 전쟁도 치르지 않고 찾아올 수 있다.

2.
통일은 공짜일 수 없다.
누가 옆에서 도와주어 되는 것도 아니다.
그동안 불철주야 온 국민이 노력해서
세계 10대 경제대국을 건설해 놓은 결과이다.
나로서는 후진국에서 태어나
청년기는 저개발국에서 자랐고
중진국에서 장년기를 보냈으며

노년기가 되니 드디어 선진국에서 살고 있다.
대한민국은 탄생 70여 년 만에
최고의 경제발전으로 기술력과 국방력을 갖춘
선진국으로 발돋움했다.

3.
통일의 길은 험난하다.
우리에게 통일의 기회가 왔다고 해서
통일의 여건이 성숙되었다고 하여
바로 새로운 통일 한국이 탄생하는 것은 아니다.
그것은 통일을 받아들일 준비가
정부, 국민 모두의 철저한 준비가
백방으로 갖추어져 있어야 한다.
모든 준비가 미비하고 능력이 없다면
통일 염원은 물거품이 되어 사라질 수 있다.

4.
통일은 우리들 몫이다.
통일의 기회와 여건은 우리에게 유리하다.
우리가 북한보다는 국력도 인구도 경제력도

절대적인 우위를 점하고 있다.
중국이 망한 입장에선
한반도 주변국들이 모두 우리 편이다.
다만 우리의 준비가 문제이다.
국론이 분열되면 통일이 올 수 없다.
통일의 성공 여부는 우리 하기 나름이다.

통일, 그날이 오면…

1.
전쟁 3년, 휴전 67년
아직도 남과 북은 철천지원수 관계이다.
'너 죽고 나는 살아야 한다'는
'제로섬게임'만이 난무한 가운데
통일 전망은 암운이 드리울 뿐이다.

2.
세계 최빈국이었고
6.25 전쟁으로 거의 함몰된 이 나라는
지구상에서 사라질 위험도 있었다.
하지만 이젠 세계 10위 경제대국으로
우뚝 서 발돋움하고 말았으니,
한반도가 훌떡 뒤집힐
우리의 소원, 통일 그날이 곧 온다는
어느 점술가의 예언이 맞지 않을까…?

3.
역사는 반복된다.
언제고 통일은 당연지사임이 맞다.
어쩌다 통일이란 꿈이
벼락같이 현실로 당겨질 수 있다.
남과 북 7,500만 백성이 절절히 원하고
서로 싸울 만큼 진저리 나게 싸웠고
이젠 통일을 성사시켜 볼 때이다.

4.
아아…!! 통일, 그날이 오면
한 맺히고 피맺힌 원한 모두 사라지고
백두산, 한라산이 하나로 되는 날
1,000만 이산가족의 상봉 이루어지고
북한 고향 마음대로 갈 수도 있겠지
호국 영령들의 한(恨)도 모두 풀리겠지
그땐 내가 하늘나라에 있더라도
반드시 환생(幻生)하여 태극기 흔들며
광화문 환영 행사에 꼭 참가하련다.

II. 건강한 삶

일하는 사람

누구나 일 없으면
일상은 심심하고 지루하다.
답답하고 간혹 숨 막힘 느낀다.

반대로 일 있으면
일상이 분주하고 즐겁다.
힘도 나고 용기도 솟아남 느낀다.

일은 자기 하기 나름이다.
죽을 때까지
일을 찾아 나서는 사람에게는
일은 언제나 소중하다.
착하고 부지런한 사람은
어느 경우에 처하든
일이 따라다니게 마련이다.

게으른 사람
공짜를 좋아하는 사람

늘 하늘에서 돈이 떨어지기를 기다린다.
내겐 복권 1장 당첨도 비켜 간다고
언제나 운명 탓이라 투덜대는 사람
놀고먹으려는 이들에게
일은 언제나 피해 간다.

일은 보배이다.
더없이 귀중하고 소중한 게 일이다.
부모에게는 자식이 보배인 것처럼
일은 인간이 살아가는 데 필요한
더없는 고리이자 핵(核)이며
보물(寶物) 중의 보물이다.

소풍 같은 삶

초등학교 시절
소풍 가기 전날 밤, 잠을 설친다.
검정 고무신에 보자기 도시락 둘러메고
들뜬 마음으로 하루 종일
즐거움의 연속이다.

어른 되어
소풍처럼 날아갈 듯한 날 있을까
제대, 결혼, 진급했을 때의 기분은
검정 고무신 소풍에는 한참 못 미치지
삶의 질, 의의에서는
소풍을 넘었다고 할지 몰라도
흥분과 기쁨의 과정은
어림도 없을 것이야…!!

진정한 삶은
소풍 같은 삶이라고 하는데
나는 지난날

매사에 감사하고 또 감사하면서
좋은 사람으로
착한 사람으로
사회에 헌신하며 살아왔는지…?

도무지 자신 없기에는
예나 지금이나 마찬가지다.
남은 인생이라도, 지금부터라도
몸으로, 마음으로, 눈으로
소풍 같은 삶을 살기 위해
마음을 다잡고 노력하자.

쉬어 가는 길

쉼, 휴식은
삶의 활기를 도모하고
침체된 삶의 재충전을 위한 길
잠시 일을 멈추고 쉬는 길이다.

해도 아침에 힘차게 솟아나
하루 종일 쉼 없이 일하다
서산마루에 걸쳐 붉게 물들어지듯
사람도 하루 일 마치고
자연으로 돌아가 쉬어야
희망찬 내일을 맞는다.

휴식 없는 삶은 착취요,
절망의 수용소군도요, 지옥이 맞다.
자연과 함께하는 휴식
푸른 바닷물, 파도 물결 출렁이고
기러기 떼 하늘 나는 바닷가는
이 열대야를 식혀 줄 공간이다.

밥 먹듯 야근하던 시절
밤을 꼴딱꼴딱 새워 일해도

그땐 야근수당이란 것이 없었다.
오직 나라를 위해 회사를 위해서
몸 바쳐 혼신의 힘을 다해 일했다.
쉼표 없는 나날을 보내며
불만도 불평도 하지 않았다.

적당한 휴식은
대자연과 함께할 때
여명(黎明)의 빛을 발하고
미래가 보장되는
삶의 순기능이
오늘도 내일도 보장된다.

인간은
일하기 위해 사는 게 아니라
즐거운 휴식을 위해, 쉬기 위해
일하고 산다.
어깨와 가슴을 활짝 편 채
대자연의 신선한 공기와 함께
숨을 크게 들이켜며
쉬어 갈 수 있는 게
보람 있는 참인생이다.

노화의 모습

얼굴 이곳저곳
주름살, 검버섯 돋아나고
머리는 흰머리 일색이다.
청각, 시각, 미각도 나빠지고
소화불량도 잇따르고
허리, 무릎 관절도 시원찮다.

죽음이라는 문제에
의연했던 게 엊그제인데
막상 내 사진 얼굴을 보니
실망과 함께 두려움이
엄습함을 피하지 못한다.

전철 노인석에 앉아
앞 사람 옆 사람 두루 살핀다.
백발의 일그러진 노인
지팡이 지닌 노인
허리가 꼬부라진 노인

검은 그림자 드리운 채
모두가 우울해 보인다.

아무래도
나이로 보아 내 늙음이
제일 쭈글쭈글 쪼글쪼글
노색이 심한 듯싶다.
서글프고 안타깝긴 하지만
신의 섭리인데 어쩌랴.

오래 사는 길

나이 든 사람들
누구나 오래 살려고 한다.
건강한 삶을 위해
너도나도 동분서주하는 모습들이
마치 전쟁이라도 난 꼴이다.

소위 100세 시대에
남보다 더 부지런하려 노력하고
매일 걷고 뛰는 운동을
규칙적으로 변함없이 지속한다.
게으름은 남의 일인 양 배척하고
철저한 자기 관리에 매진한다.

장수는 복(福)이다.
운명이라면 그렇기도 하다.
장수 집안에 태어나 큰 탈 없으면
비교적 오래 살고 있음을 본다.
아마 좋은 유전자를 타고난 데다

그 복을 오래도록 잘 관리한 덕일 게다.

스트레스는
건강을 해치는 제1의 주적이다.
모든 병은 60% 이상 스트레스에서 오고
스트레스만 잘 피하면 장수한다고 한다.
종교인, 철학자, 교수들이 장수하는데
비교적 스트레스에서 자유롭기 때문이다.

오래 살기를 원하면
장수를 쫓아가는 삶이 아니라
장수가 따라오는 삶을 살아야 한다.
이해와 용서에 솔선하고
나누고 베풂에 정진하며
선하고 부지런하게 살면
100의 99는 오래 살 수 있는 길이
반드시 보장된다.

소나무 숲 산길

삼복더위
열돔이 지속되는 날
소나무 숲속 산길을 걷는다.

소나무 내음 물씬 담긴
향긋한 솔바람 전신을 휘감는다.
소나무의 피톤치드는
순식간에 머리를 맑게 하고
시원한 느낌 주니
온몸에 기운 솟아난다.

쏴아…
한 줄기 불어오는 바람 소리
졸졸 흐르는 개울물 소리
숲속의 새들 지저귀는 소리와 함께
솔솔 솔바람에 하모니를 이룬다.
등골의 땀을 서서히 삭인다.

적적한 산길
소나무 숲속을 벗어나니
숲길이어도 후덥지근함 엄습한다.
산 정상에 올라
소나무 숲 정경을 바라본다.
소나무 숲과 건강은
뗄 수 없는 필연의 관계이다.

장수의 비결

살 만큼 산 노인도
건강하게 더 오래도록 살다가
어느 날 갑자기 죽기를
간절히 바란다.

이러한 죽음은
하늘의 복(福)이고 행운이란다.
복은 아무에게나 찾아오지는 않는다.
복도 행운도 노력의 보답이라는 게
정설(定說)이다.

장수의 비결이 있을까…?
어떻게 노력하면 가능한지
장수하고 있는 사람들은 물론
무수한 의사, 철학자들이 그들 나름대로
자기만의 비법을 소개하고 있다.

그들의 주장은

노화와 노쇠는 멈출 수 없지만
이를 예방하거나 치료함으로써
늦추거나 지연시킬 수 있다는 주장이다.
노화를 지연시키기 위해선
항상 소식을 생활화하고
과욕은 금물이고
적당한 운동과 두뇌 활동에 치중하고
친구를 갖는 게 중요하다고 한다.

무병장수(無病長壽)는
오늘날 100세 시대의 과제이나
극복하기 어려운 난제임이 분명하다.
장수 비결을 위한 구체적 안은
자신에게 적합한 안을
직접 만들어 실천해야 한다.
남이 해결해 줄 문제는
절대 아님이 맞다.

걷기 예찬론

1.
걸으면 살고 누우면 죽는다 한다.
걷기는 건강을 위한
최고의 운동이요, 보약(補藥)이라는 주장이다.
걷지 못하면 모든 신체가 정지 상태로 변하고
동시에 정신활동도 둔화된다.
사람은 걷지 못하면 먹지 못하고
먹지 못하면 죽는다는 게 바른 이치이다.

2.
사람은 생각하는 동물이다.
걸으면 뇌에 산소 공급 원활해지고
두뇌의 생각하는 기능도 활발해진다.
현명한 생각의 지혜(智慧)는
걸으면서 움트고 기대만큼 형성된다.
논리적으로 함축된 주장은
다리의 움직임과 그 힘에서
정리된다는 게 정설(定說)이다.

3.
인간의 위대한 결정은 걷기에서 출발한다.
걸어야 풍요로운 생각이 떠오르고
걸어야 현명한 묘안을 도출할 수 있다.
대화와 협상도 걸으면서 구상하면
합리적 해결안이 마련될 수 있고
합의의 결론에 도달할 수 있다.

4.
걷기는 건강의 바로미터이다.
건강을 위해선 좋은 약보다는 좋은 음식이
좋은 음식보다는 걷기가 더 효과적이다.
걸을 수 있다는 것은
하늘의 은혜이자
축복받은 사람의 건강한 모습이다.
오늘도 힘차게 걷자.

삶의 보릿고개

1.
어깨에 짊어진 무거운 짐
내려놓을 수 있을까, 벗어날 수 있을까
막바지에 이른 삶의 고비
누가 덜어 줄지, 누가 도와줄지…
이 세상 아무도 모른다.

2.
내 스스로 일어서야 할 때
그 옛날 보릿고개에 대처하듯
앞마당에 가지런히 널고
도리깨질 마냥 쳐 대든가
다리방아에 넣어 돌려 가며
힘껏 찧고 또 찧으면 된다.

3.
나의 마음가짐도
내 내면에 자리한 보릿고개
욕심을 버린 지 오래이지만

아직도 갈증이 남아 있다.
폭우가 내린 흙탕물에 실려
바다로 훌쩍 띄워 보내
냉정히 돌아보지 않으면 되련만…
내 삶의 힘든 보릿고개
슬기롭게 넘어갈지 모르겠네.

4.
숨을 헐떡이는 고갯마루
허물어지고 삐뚤어진 골짜기이지만
내 중심의 축(軸) 바로 세우고
비우고 오르면
삶의 보릿고개 쉽게 넘어간다.

고마운 마음

50년대에 겪었던
우리네 일상의 어려움
지금의 북한 실상과 비슷했을 게다.

오늘의 우리 세대는
그때 얼마나 살기 어려웠는지
모르고 알 수가 없다.

공동 수도에
물 양동이 줄 서 보지 않은 사람
줄줄 쉬지 않고 나오는 수돗물이
얼마나 고마운 줄
알 수도 없고 전혀 모른다.

밤 12시면 나가는 전깃불
지금 정전 사태를 모르고
냉장고 세탁기를 돌리는 사람들
전기의 고마움도 잘 모른다.

보릿고개의 허기진 고난
배고픔을 모르고 사는 사람은
꽁보리밥 한 그릇 고마움 모른다.

물, 전기, 쌀 걱정 없이
태평성대를 누리는 지금 사람들
오늘날 우리네 모든 것
여간 고마운 게 아닌데
도통 고마움 모르고 산다.

나의 선생님

따듯한 손길
잊을 수가 없어요.
하늘 같은 은혜인데
늘 잊고 산 듯해요.

천금을 주어도
백만금을 바쳐도
은혜에 보답 어려운데
그저 지나치고 잊고
살았습니다.

죄가 되면
벌을 받아야 마땅하죠.
하늘 보고 지금도
용서를 빕니다.
우리들 나의 선생님…

맨발의 추억

신발이 귀했던
해방 전후의 그때, 그 시절
맨발로 살아 보지 않은 사람으로선
고무신이 얼마나 좋은 신발인지
얼마만큼 귀중한 보물인지
알지 못하고 알 수도 없다.

검정 고무신 신으면서
고무신을 아껴 신겠다는 일념에
깨끗이 닦아 툇마루 밑에, 선반 위에
알뜰살뜰 보관하다
학교, 5일장, 땔나무할 때 신었다.
동네 아이들과 뛰어놀 때는
논이나 밭에서 일할 때도
늘 맨발로 고무신을 아꼈다.

발바닥에는 언제나
두터운 굳은살이 옹기종기 박였다.

사금파리와 뾰족한 돌에 이곳저곳 찔리어
아프고 피 나고 저려 왔지만
그러려니 하고 아무렇지도 않은 양
그렇게 발을 남의 자식처럼
내굴리며 살았다.

어린 시절 맨발의 추억은
아련한 기억들과 함께
아직도 내 마음속, 내 꿈속에서는
불현듯 꿈틀거리며 나타나곤 한다.
오롯이 사라질 줄 모르는 환상으로
못 박고 오래도록 살아 있는
내 안의 괴물인 셈이다.

청포도 사랑

7월의 뙤약볕
타오르는 햇볕 받을수록
청포도는 파랗게 더 익어만 간다.

폭염 속에 열기 받는 포도송이
탱탱해진 청포도 송이송이 사이로
뜨거운 바람에 이리저리 출렁이며
신맛 버리고 단맛을 챙기고 있네.

한줄기 세찬 소나기 지나가더니
청포도 파란색 더 짙어지고
한결 반짝반짝 파란빛 빛내고는
제맛 낼 수 있다고 자랑한다.
이제 신맛은 감추고 싶겠지

청포도 익어 가는 모습에
내 안에 응어리져 굳어 있는
미움, 서러움, 갈등, 대립의 싹 잘라 내고

화해, 나눔, 격려, 도움이 자리하였으면
뜨겁디뜨거운 햇볕의 등살에
청포도 그만 땡그랑땡그랑해졌지

내 마음 나도 몰라
탐스럽게 다 익은 청포도 모습같이
곱디고운 마음으로
나누며 사랑하고 살면
삶의 축복은 내게로 온다.

외로움의 극복

노년이 깊어지면
누구나 외롭다.
외롭지 않은 자 있을까…?
나도 외롭고 너도 외롭다.

외로움은
몸과 마음 건강에 해롭고
병(病)이란 사실 알면서도
외로움에서 벗어나지 못하며
외로움의 늪에 빠진다.

외로움은
나를 덜 사랑하고
남과 견주어 채우려는 병
내면의 빈곤에서 오는
정신적 병약(病弱)이 고독의
가장 큰 요인이다.

무엇이든 기대 수준 낮추고
적당한 운동으로
심신(心身)을 안정화시키면서
자기 자신에 만족하고
나를 진실로 사랑하면
외로움은 멀리 달아난다.

바람에 마음 싣다

바람이 불어온다.
이리 불다 저쪽으로 분다.
세차게 불더니 조용해진다.
멈추다 다시 불어온다.

바람, 바람엔 주소가 없다.
바람의 양도 길이도
제멋대로이며 춤추는 격이다.
바람에 마음 실리다
나도 모르게 멀리 날아간다.

바닷가엔
파도치며 세차게 불어온 바람이
이내 잔물결로 넘실댄다.
길고 깊게 세게 불어 대더니
이내 얕고 부드럽게 분다.
바닷바람 마음껏 마셔 대며
짠맛에 젖어 마음 정리한다.

어느 날 마음이
막히고 출로가 안 보일 때
절벽에 막히어 답답해질 때
바닷가 바람길 찾아
시원한 바람에 마음 실으면
우울한 마음
저절로 정결해짐 느낀다.

자식 자랑

친구들 모임에서
흔히 아들, 딸이나 손주 자랑 한 후
기꺼이 밥값 내는 친구 종종 본다.

밥값 내기를 주저하던 그가
짠돌이, 소금 장사, 전당포로 불리던 친구가
제 자식 소리 높여 자랑할 땐
인색함의 기색 홀연히 감추고
폼 재는 어느 고관대작처럼 으스대고
어깨 핀 채 고개 빳빳이 세우고
기꺼이 밥값 선뜻 내고
종업원 팁도 곁들여 과시한다.

자랑과 선심을
강냉이 튀기듯 내세워 부풀린다.
그 자랑 공세 감안하고 듣지만
자식 자랑 당사자는 즐겁기만 하다.
손자에 이어 손녀도 자랑감이 되면

연이어 밥값 선심 주저하지 않는다.

자식 자랑하며
밥값이라도 낼 수 있고
소리 높여 자식 자랑하는 노인은
능력 있는 행복한 노인이다.
자식 자랑할 수 있는 노인이라도
밥값 지불할 능력 없어
자식 자랑 못 하는
친구도 있긴 하다.

어머니의 꽃

엄마의 길은
가시밭길이요, 고생길입니다.
세월 가면 갈수록 험난한 길이요.
끝없는 고난의 질곡(桎梏)이기도 합니다.

자식 둔 엄마로선
누구나 겪는 어려움이자 고통으로
그 고난의 물결이 바람 잘 날 없습니다.
어느 날엔 폭우, 어느 땐 폭풍 앞에
무거운 짐 도맡아 짊어지고
암흑의 길 뚜벅뚜벅 걷습니다.
정녕 시베리아 폭설이 몰아쳐도
굳건히 희생자로의 길을 마다 않습니다.

엄마에겐 꽃길도 있긴 합니다.
원래 자식은 엄마의 꽃이기도 하니까요.
자식이 좋은 대학에 합격하거나
자식이 취업해서 출세했을 때

결혼한 자식이 첫아이를 낳았을 때
엄마의 꽃은 활짝 만발합니다.

엄마가 어머니로 되면
집안의 대소사를 책임지는 안방마님으로
살림을 홀로 관장하게 됩니다.
그 집의 음식 맛, 장맛의 전통도 잇고
집안에 미소와 지혜로움도 책임지고
경제적 대권을 거머쥔
실질적인 가장으로 살아갑니다.

그러나 어머니도 늙어지면
엄마, 어머니의 꽃은
향기 없이 그만 시들고 맙니다.
어머니는 섭섭한 마음 안고 살지만
이게 운명이고 팔자라는 인식에
낙엽이라는 사실에 괘념치 않고 삽니다.
사랑도 그리움도 야속함도 잊은 채
쓸쓸한 노후를 외로이 보냅니다.

아버지의 지게

그 옛날 어릴 적
아버지 지게 위에 얹혀 다녔다.
마냥 좋기만 했으나
아버지가 힘들 것이란 생각에
지게 올라타기를 거부하고
아버지 뒤를 졸졸 따라다녔다.

지게는 시골에서
농사일, 땔나무하기에
없어서는 아니 될
집안의 귀중품 대접을 받았다.
눈비를 맞아서는 안 되고
남의 집 잘 빌려주지도 않아
귀한 자식이나 마찬가지였다.

6.25로 아버지가 타계하고
초등학교 6학년이 되자
지게는 내 것이 되었다.

지게 길이와 받침 작대기를
조금씩 자르고 어깨띠도 줄이니
지게는 한결 편해졌다.

아버지의 혼이 담긴
그 길들고 정든 지게는
지금 어디에 있을까…?
아버지 지게는
내 지게로 수명을 다했지만
지금도 내 가슴속에
뚜렷하게 남아 있네.

새벽 야근

야근은
밥 먹듯 매일 이어져
이른 새벽녘 되어서야 끝나곤 했다.
수시로 새벽까지 일하면서도
상사나 국가에 불만이나 불평은
거의 없었다.

집에서는
방 하나 셋방에 살면서
뭘 바라고 둘 셋씩 아이 낳았는지
냉장고, 세탁기도 없고
새벽에 방 윗목 먹던 물은 얼고
연탄불에 밥해 먹어야 하고
고생 줄 즐기며 살았다.

국가 경제는 매년
2-30% 고도성장 이어졌으나
최저임금, 근로시간, 휴가 문제는

남의 나라 일로 들리었다.
지금 7-80대가 된 그들은
서독 광부, 중동 근로자, 월남 파병으로
나라 경제를 발전시킨 주역들이었다.
그들의 피와 땀의 희생 없이
오늘의 경제발전이 가능했을까….?

우리 사회에서
노인네, 꼰대라는 비속어로
냉대받는 신세로 전락한 그들
오늘도 잠 안 오는 새벽
먼동이 트는 동녘 하늘 쳐다보며
눈물 머금고 한숨짓는다.

누구라도 그들에게 꼰대라고
자신 있게 돌을 던질 수 있을까…?

갯바위 약속

우린 갯바위에 걸터앉아
두 손을 꼭 잡고 영원이라 약속했지
너와 나는 반드시 하나가 되자고

검은 갯바위는
거짓말 몰랐고 거짓도 몰랐지
갯바위는 말없이 지켜만 보고 있었네.
검은 바윗덩이처럼 굳은 언약 지키라고
출렁이는 파도 소리처럼 변치 말라고
서로 믿고 사랑하라고 말했지…

갯바위는 말이 없지만
우리들 언약을 기억하고 있을 거야
그 약속을 지켰는지, 누가 어겼는지를
사시사철 눈뜨고 감시하고 있었을 거야
폭풍우 비바람에도 거친 파도에도
굴하지 않고 어김없이 영롱한 눈길로
우리들 속마음을 지켜보았을 것이야

바닷가 저녁노을
갯바위에 이리저리 넘실댄다.
파도 물결 세차게 몰아치며 노 젓는다.
갯바위의 부딪치는 파도 소리 존재를 과시하며
나에게 그리고 당신에게
그 옛날 갯바위 약속 변함없냐고 묻는다.

지금 갯바위 그 자리엔
사랑은 영원하다고 약속한
두 손 마주 잡은 그녀의 그 모습
그대로 나타나고 있다.

강변 사랑

우리는
강둑을 자주 거닐었지
샘물이 개울물 되고
개울물이 강물 된
깊은 강 좁은 강둑이었어.

여울목 강가에서
다슬기 줍던 당신의 모습
저녁노을 무지갯빛에
다소곳이 웅크린 뒤태
환상의 수채화 사진이었지.

조개껍데기 서로 맞추고
별 하나 둘 셋 세어 가며
만나고 거닐던 강둑에서
우린 하나 되자고 약속했지.
둥근 달 강변 비추고
강바람 세게 불어올 때

정말 일심동체로 변했어.

강변 물결의 은빛 사랑
비록 강바람 차가웠지만
우린 뜨거운 사랑의 합이라는
진정한 강변에서의 사랑이
금자탑을 이루고 말았지.

비 오는 날

어제도 오늘도
매일매일 걷는다.
숲속 둘레길 이어
개울가 산책길을 걷는다.

부슬비 내리면
쉼 없이 걷고 싶고
마냥 끝없이 걷고 싶다.
비는 낭만과 사색을 불러오고
사유의 세계를 넘나들게 한다.

장맛비 내릴 땐
걷는 게 좀 망설여지지만
빗속을 뛰어가며 비를 쫓는다.
비와 내가 한통속이 되어
시원한 폭포수에 실려
고독의 두꺼운 날개를 달고
그만 하늘로 날아간다.

우산도 없이
비를 죽죽 맞으면서
뚜벅뚜벅 홀로 걸을 땐
마음의 위로를 크게 받는다.
왜일까…?
비는 마음의 상처를
치유하고 개선해 주기 때문이다.

오작교 사랑

1.
그 옛날 칠석날
한결 시원해진 저녁나절이었습니다.
쫄랑쫄랑 흐르는 물레방아 도랑물에
지긋이 발 담가 엇갈려 대고는
밤하늘에 반짝이는 무수한 별 쳐다보며
우린 굳게 장래를 약속했습니다.

2.
나뭇잎 푸름이 가득한 8월
처서를 앞둔 칠석날이었습니다.
바스락대는 미루나무 잎사귀 소리에
지저귀는 까치, 까마귀 소리 모두 합창하고
개울물 소리가 장단을 맞춰 주었습니다.
마치 한 폭의 수채화 그림 속처럼
우린 다소곳이 앉아 사랑을 나누었습니다.

3.
견우, 직녀가 오작교에서
1년에 한 번 만나는 칠석날이었습니다.

설사 우리들 앞날이 운명의 비극으로
험난한 가시밭길 걷게 되더라도
우린 오작교의 남녀 주인공과는 다르게
적어도 로미오와 줄리엣의 사랑을 닮고
저 물레방아같이 쉬지 않고 돌아가며
오롯이 승화된 사랑을 나누는
반듯한 '부부'가 되자고 언약했습니다.

4.
비록 우리는 1년에 한 번 만나는
오작교식 사랑의 열매도 맺지 못했고
미래에 대한 만남의 약속도 헛되어
뿔뿔이 헤어지고 말았습니다.
그러나 우리에겐
아직 영혼의 사랑이 남아 있습니다.
이승에서 못다 이룬 사랑….
오작교 사랑에 버금가는
저승꽃을 활짝 피운다면
더 고귀한 사랑을 맺을 것입니다.

로또와 복(福)

로또 당첨은
기적이고 행운일까, 아닐까…?
노력의 대가인지, 아닌지.
그저 우연의 일일 뿐
아무래도 어쩌다 운이 좋은
천운의 복(福)일 게다.

사람은 원래
3번의 길(吉)과 3번의 흉(凶)을
맞으며 산다고 한다.
로또 당첨처럼 길을 맞기도 하지만
죽음에 버금가는 흉도 접한다는 말
좋은 일은 늘 비켜 가고
나쁜 일만 맞는 사람도 있다.

내가 만일
어쩌다 로또에 당첨된다면
길(吉)일까, 흉(凶)일까

흉이라도 좋으니 한 번 와 봤으면
죽더라도 그 많은 돈 만져 봤으면
실컷 쓰고 자식에게 갈라 준다면
얼마나 신바람 날까…?

로또에 당첨된 후
대부분 자신이나 가정에
불행한 결말을 맞는 사실에 놀란다.
헛된 욕망과 탐욕으로
순간에 얻은 뜻밖의 큰 횡재를
오래 지켜 내지 못함은
'돈의 철학'이 확실히 보여 주는
뼈아픈 실례이다.

현재 내가 누리고 있는
현실만으로도 길(吉)이고 복(福)이라면
그게 기적이고 행운일 수 있다.
말할 수 있고 들을 수 있으며
걸을 수 있는 것만으로도
난 가장 행복한 사람에 속한다.

III. 일상의 이모저모

삶의 보람

오늘 왜인지 즐겁고
피시식 웃음이 절로 나온다.
몸도 가뿐함을 느낀다.

아내의 다그치는 말에도
별 짜증 없이 넘어갔고
친구 모임의 거북한 말들에도
거슬리지 않아 그냥 지나갔다.

파란 하늘은 유독 멋져 보였고
숲속의 바람도 너무 시원했다.
한밤중 위층 애들 발소리도
시끄럽지 않게 느껴졌다.

무엇이든
크게 기대하지 말고
너무 바라지도 말며
내리고 비우는 습관 갖자.
고맙고 감사하다는 생각에
행복한 하루였다.

보람 있는 삶…
행복은 내 스스로 만든다.

마음의 태풍

올해 태풍은 지나갔다.
또 올지 모르지만
자연의 거듭된 상처는
곧 아물고 잊는다.

마음의 태풍은
지나가도 남아 있고 오래간다.
일과성 태풍도 있긴 있으나
자해적 응어리 만들어
머릿속이나 가슴속에 자리 잡고
깊은 고통과 상처를 주며
장기 투숙을 즐긴다.

왜일까…?
모든 게 나를 버렸다는 인식이다.
내 탓은 절대 아니라는 고정관념에서
남 탓, 운 탓으로 돌리면서
사회적 불공정, 불평등에 대한

격분과 분노를 삭이지 못한다.
모두를 적(敵)으로 삼고
용서하지 않기 때문이다.

내 마음의 태풍, 고통은
내가 만들고
그 올가미 속에 갇히어
버리지 못하기 때문에
오래도록 간직하는 것이다.

노인 시대

1.
노인은 끝물이다.
끝물은 보기에도 흉하고 맛도 간다.
기피에 대상이고 버림받기 일쑤다.
아닌 척, 남의 일인 양, 모른 척하며
살아가려고 노력하지만
끝물이란 버림받을 처지를
면하기는 어렵다.

2.
100세 시대가 다가왔다.
인구절벽이란 위기에 직면하면서
노인인구는 급격히 늘어나고 있다.
부족한 인적자원을 노인으로 보충하고
노인에게 다양한 근로 기회를 제공하여
인구 감소에 대응해 보자고 한다.
청년 세대를 지원하는 근로 세력으로
노인 세대를 양성하자는 발상의 전환이다.

3.
노인도 일한다.
노인들 스스로 대오각성(大悟覺醒)하여
새로운 노인이라는 입장에서
국민을 위해, 국가를 위해
조건 없는 헌신, 대가 없는 봉사에도
홀연히 나서서 임무를 완수한다는
남다른 각오를 한다.

4.
지금은 노인 시대이다.
노인은 건강도 능력도 경제력도 부실하다.
노인으로서의 한계가 도사리고 있어
극복해 나가기도 어렵고 힘들다.
과거와는 전혀 다른 노인 세상이라
새로운 노인 시대에 걸맞은 노인으로
우선 각자도생의 길을 찾아야 한다.

부덕의 소치(所致)

친구들 간 논쟁은
의견 충돌이나 고집불통으로 빚어진다.
옳고 그름을 떠나서
내가 잘나서, 내가 양보할 수 없다고
상대를 제압하고 이기려고만 하다
감정이 폭발, 싸움으로까지 번진다.
서로가 공히 부덕한 탓이다.

후덕(厚德)한 사람은
누구와도 싸움을 피한다.
양보와 겸손을 갖추고
배려와 이해가 넉넉한 사람이고
은혜와 나눔에 솔선하고
화해와 용서에 용감한 사람이다.
덕을 갖추고 있는 사람은
도덕과 윤리 면에서도 훌륭한 사람이다.

나는 덕이란 면에서 어떤 수준인가…?

덕행(德行) 면에서
잘못, 결함, 후회, 부끄러움은 없는지…?
크게 내세우거나
자랑할 만한 게 없고
덕이 부실한 사람이고
이거다 하고 구체적으로
덕목(德目)을 제시하기도 어렵다.

파란 하늘이나 바다를 보고
난 외롭고 고독하다고 뇌까리는 사람은
덕이 없고, 덕이 결핍함을
스스로 고백하는 부덕의 소치이다.

덕은 내가 만들고 다듬어
내가 실행함으로써 갖추어지는 게
진리이고 사실이다.

고향 5일장

장 서는 날
엄마가 장터에 다녀온다.
엄마 손에 든 사탕 봉지 하나
맛이고 뭐고 가릴 수 없이
엄마가 준 최고의 선물이자
내가 5일 동안 기다린 사탕이다.

쌀 한 말 팔아
검정 고무신과 고등어 사는 게
엄마의 장보기 표본이었다.
고등어 먹고 식구들 두드러기 나지만
약은 고사하고 소금만 뿌리고 만다.
요즘 고등어는 단맛 나고 고소하지만
그땐 짠맛만 짙었다.

어린 시절
알사탕은 귀한 과자에 속한다.
한 알 입에 넣고는 가능한 한

가급적 오래도록 단맛 즐기려고
입속에서 조금씩 찔끔찔끔 빨아 먹곤 했다.

지금의 오늘은
먹을 게 지천에 널려 있어
애들은 사탕 거들떠보지도 않는다.
할아버지도 애들과 같다.

6.25 전쟁과 오늘

내가 중3 때 엄마는
갑자기 뇌졸중으로 돌아가셨다.

아버지가 6.25 사변 시
북한군에 의해 총살당한
그 후과로 인해
엄마는 병고에 시달리다
아버지 따라 하늘나라로 가셨다.

그러니까 김일성 괴뢰 집단에 의해
난 부모를 모두 잃은 셈이다.

사람을 죽이고 죽이는 전쟁은
왜 끊임없이 계속 일어나고 이어지는지
지금 러시아의 우끄라이나 침공도
지난 전쟁의 역사와 마찬가지로
바로 독재자에 의해 자행되고 있음을
여실히 증명해 주고 있다.

아직도 남북한 전쟁은 지속되고 있다.
북한 김정은의 야욕은 조금도 변함없고
그 악랄한 수법은 지속되고 있다.
3대가 대를 이어 가고 있고
광적인 폭거는 핵(核)무기로 변질되어 있다.

하늘도 무심하다.
불러 갈 사람은 북의 김정은 일당인데
어제도 오늘도 선량한 사람 데려간다.
배고파 허덕이는 북한 동포들
김정은을 신으로 떠받들고
욕도 하지 못한다.

아버지의 투잡

아버지는
아들 과외비 마련하려고
달과 별 벗 삼아 투잡 일하면서
날밤을 온통 지새우기도 한다.

아들이 과학자의 길을 택하면
과외나 기숙 학원은 안 가도 되련만
그놈의 의사 노릇 뭐 그리 대단하다고
모두가 목숨 걸고 의대, 의대 하니
그 대열에 끼지 못하면 인생 낙오자인지
아무튼 아버지는 아들 위해
낮밤 가리지 않고 일한다.

병원에서 하루 종일
환자 치료하는 의사, 왜 인기 절정인지
그 스트레스 하며 그 난이도 천정인데
여러 직종 중 의사의 수명이 가장 낮다는데
아마 그놈의 봉급, 수입 높고

정년이 없기 때문일 게다.

이루고 싶은 꿈 때문이 아니라
의대, 의대 하는 여론 몰이에 함몰되어서이다.
어느 대 의대생, 어느 병원 의사라고
부모의 자식 자랑 그토록 하고 싶어
너도나도 모두 자식 의대 가길 원한다.

나라 경제, 국가 발전을 위해
의사보다 과학자가 우대받는 세상 바람직하다.
우리에겐 의사 양성보다 과학자 양성이 더 긴요하다.
과학자 봉급이 의사보다 높고 은퇴 이후에도
과학자들 생활 수준이 보장된다면
굳이 의대에 가려 하지 않을 게 분명하다.

노인의 외출복

요즘 노인들 외출복은
중년 스타일의 화려함이 꽤나 두드러진다.
전철 안을 두리번거려 보아도
청바지에 다양한 색깔의 운동화를 신고
밝고 화사한 잠바나 남방을 걸치어
일상에서 끼와 멋을 중시하는
노인들 상당히 많다.

노인의 외출복 변화는
디지털, AI 시대에 영합(迎合)하려는
자연스럽고 놀라운 패션 감각이고
탈(脫)노인을 꿈꾸는 저항의 표출이다.
높이 칭찬해 주어도 좋을 성싶은
선진적이고 변화된 자화상이다.

누구나 늙어 가더라도
젊어 보이려는 의지는 다 지니고들 산다.
꼰대 소리를 듣지 않아야 한다는

마음가짐 역시 강하기 때문에
외출복에 신경 쓰면서
한껏 멋을 내 보려고들 한다.

노인 패션의 중년화는
나의 자존감, 존재의 가치를 인정받고
내 안의 나를 찾으려는 시도이다.
아울러 나의 외로움도 완화하고
건강 증진과 함께
내 잠든 영혼을 일깨우자는 시도이다.

커피의 맛

커피 맛은
그 느낌의 분위기에 따라
각기 다양하고 서로 다르다.
구수하고 시원하다든가…
속이 후련하고
머리가 맑아진다고들 한다.

커피 맛은
새벽 일어나서, 아침 식후, 일하다가…
환경, 컨디션에 좌우되지만
누구와 마시냐가 가장 관건이다.
편하고 아늑한 카페에서
연인과 단둘이 조촐하게 마신다면
맛도 최고임이 당연하고
세월 가는 줄 모른다는 게
여러 사람의 공통된 의견이다.

커피의 원조는

믹스 커피, 다방 커피이다.
요즘 커피 마니아들은
아메리카노와 라테를 선택한다.
커피는 건강에 해롭다지만
인지 능력과 원기 회복에도 발끈하고
노화를 늦추며 염증을 완화한다고 하여
즐겨 마시는 것 같다.

커피 맛의 일품은
시베리아에 몇 년 거주할 때
영하 3, 40도의 추위하에서
옛 소련산 쓰디쓴 커피, 큰 잔에다
달콤한 초콜릿를 곁들여
아름다운 러시아녀와 함께한
그때가 제일이었는데…
그녀를 영영 잊을 길 없네.

커피의 향

커피 한 잔에는
네가 있고 내가 있으며
기다림, 외로움이, 그리움도 있다.
우리는 커피 잔을 마주함에
사랑과 추억에 함몰되어
일심동체(一心同體)가 된다.

커피 한 잔에는
용서와 이해의 마음도 담겨 있다.
한때는 이별과 원망의 그림자가
갈등의 골을 깊이 파 놓기도 했지만
나는 너를 잊을 수 없었고
너 또한 나를 버릴 수 없었다.

커피 한 잔에는
사랑과 추억이 서로 새겨 있으며
진정한 믿음의 향이 녹아 있다.
커피 잔에 총총히 드리운

그녀의 아리따운 모습은
샛별같이 아름다웠고 빛났으며
나를 녹이고 길들였다.

우리 둘은
그윽한 커피 향에 사로잡힌
진정한 커플이었다.
헤어짐의 절망은 우리에게
가질 수도 품을 수도 없기에
언제나 타인의 몫이었다.

김치찌개

찌개의 맛은
아무래도 엄마의 손맛이다.
솜씨와 재료가 좌우하지만
누가 만드느냐가 가장 핵심이다.

찌개의 맛은 정성이다.
김치찌개를 직접 끓이면서
엄마의 맛을 내려고
온갖 정성 들여 반복을 거듭한다.
엄마의 맛이 복원됐다 자신하고
아내에게 직접 묻자
맛이 뛰어나다고 칭찬한다.

음식 솜씨는 타고난다.
유전자를 무시할 수 없으며
어릴 적부터 보고 듣고 배운다.
감수성과 오감(五感)이 예민해야
음식 맛을 내는 데 유리하다.

출생지 음식 맛과도 연관이 있으며
취미와도 맞아야 효과가 더하다.

김치는 건강식이다.
한식의 대표적 음식이고
중독성이 강해 김치의 영향에서
벗어나기 힘들다.
한국인은 김치 없이 못 산다.

김치찌개의 맛

매콤한 맛은
식욕을 증진시킨다.
보기보단 매운맛이 덜하며
혀끝에선 감칠맛 진하다.

신맛은
오래 푹 익은 김치에서 나온다.
건강에 좋은 핵심 요소이고
발효식품의 특성을 지녀
중독성이 강하다.

시원한 맛은
묵은지에서 나오는 국물 맛이다.
김칫국에 밥 말아 먹으면
밥맛이 꿀맛에 젖는다.

김치찌개는
민족혼이 깃들어 있고
국민의 일체감에도 기여하며
가족의 화합에도 도움을 준다.
한국의 대표적 음식 중
제1위 그룹에 속한다.

오이지 참맛

요즘 날씨는 덥고
곧 장마가 들 기세라 그런지
마트에 오이지 담글 오이 넘치니
오이지 제철인지 싶다.

다가올 삼복더위에
잃어버린 밥맛 되찾기 위해선
오이지무침, 오이지냉국이 제격이다.
아삭아삭, 질경질경 씹히는 식감에다
짭짤하고 시원한 참맛은
처진 입맛 제자리 돌려준다.

그 옛날 보릿고개 시절
오이지는 한여름 더위 이겨 내는
꽁보리밥 성찬의 보물이었다.
갓 떠온 찬 우물물에 보리밥 말고
듬성듬성 썬 오이지를 먹은 그 맛
그 꿀맛을 잊을 길 없다.

소화불량, 변비에 좋고
노화를 지연시킨다고 하여
집안 어른들이 좋아한 반찬이다.
하늘나라에 계신 우리 어머니
오이지 담그는 며느리 모습 보고
뭐라고 칭찬 몇 마디 하시면서
빙그레 웃으실 게다.

쑥국

완연한 봄
산자락, 밭두렁, 논두렁에
저수지 언덕배기와 개울둑에도
곳곳에 군락 이루어
듬성듬성 웃자란 쑥은
봄빛 들추어 보란 듯 찬연하다.

언 땅 비집고 삐져나온
연한 쑥 너무 맛깔스럽다.
해안가에선 도다리 생선 넣고
산골에선 꿩고기와 함께한
된장쑥국이 계절 일미다.

용탕보다 건강에 좋다 하니
몸보신엔 으뜸이니라…

쑥국이 내는
진한 향 씁쓸한 맛이지만

감칠맛은 계절의 별미 맞다.
이른 봄 잃어버린 식욕
되찾아 돋아 주는 건강식으로
아득한 고향 추억들과 함께
되새겨 깊이 연상된다.

마트 냉면

음식점 냉면값
천정부지로 솟는다.

오늘 저녁엔
마트 냉면 사리를 삶았다.
비단결같이 풀어지는 면발
젓가락으로 젓고 올려 보니
유명 집 냉면 발 버금가네.

평양냉면집 한 그릇 값이면
마트 냉면 8그릇 낸다.
양지 육수도 구수한 맛 합격이다.
삶은 계란 반쪽 넣고
오이, 배 채와 갖은양념 더하니
냉면집 맛과 맞짱 뜰 수 있네.

평양냉면집 냉면은
수육 2점 더 든 것 외에

마트 냉면보다
그 맛 뛰어나지도 않다.
마트 동치미 냉면이
더 시원하고 맛깔스럽고
왜인지 깊은 정 든다.

산사(山寺)의 새벽

새벽 종소리에 잠을 깨었습니다.
산사의 적막을 깨는 법당의 종소리는
예사 종소리와는 전혀 달리
처마 끝 풍경 소리와 어우러져
내 마음에 진한 감동을 주었습니다.

산사에서는 누구나
템플스테이를 며칠 거치면
온몸의, 온 정신의 느낌으로 알 수 있습니다.
번뇌하던 마음이 얼마나 맑고 깨끗해지는지
내가 왜 살고 있고 어떻게 살아야 할지
나를 사랑하는 사람들에게 어떻게 대할지
온몸으로 부딪치고 화해해야 할 사람 누구인지
산사의 적막은 정확히 가르쳐 줍니다.

법당 부처님의 가르침은
스님의 새벽 목탁 소리에 기를 더해
우리 모두에게 구원(救援)의 메시지를 전달합니다.

분노와 원망, 애증이 있다면 버리고
근심과 걱정, 지나친 욕심은 거두라고
산사의 새벽안개가 말끔히 걷히듯이
말끔히 정리할 계기를 만들어 줍니다.

산사의 새벽 정취는
오로지 혼탁한 마음과 찌든 몸에
치유(治癒)할 용기와 희망을 안겨 줍니다.
이내 겨우내 쌓여 든 눈 더미가 스르르 녹듯
마음의 평화와 안정이 나를 지배하고 맙니다.

산에 오르면

산을 좋아한다.
산에는 꽃이 피고
산새들 지저귀며
바람 소리 휘젓고 물소리도 들린다.
덤덤한 바위, 깊은 계곡에
묻히고 잠들어 반듯해진다.

산을 사랑한다.
산에 묻혀 절로 힘 나고
내 마음 기분도 좋아진다.
여유와 고요에 함몰되어
영혼까지 해맑게 치유된다.

산을 존경한다.
정상에 오르면
목표와 이상(理想)을 갖게 하고
도전과 재기도 일게 한다.
바르게 거짓도 물리쳐
언제나 산을 우러러본다.

텃밭 농사

농사일은
힘들고 어려워 고생스럽다.
땡볕에 장시간 일하는 것도 그렇거니와
노인으로선 몸에 무리가 간다.

텃밭 농사를 해 보면
땅은 절대로 거짓말하지 않는다.
심은 대로 가꿈의 노력대로
노동의 가치와 함께
수확의 기쁨도 느낄 수 있다.
숙면 유도와 소화 기능 촉진으로
치유(治癒)의 기능도 탁월하다.

텃밭 농산물은
시장 상품과는 비교할 수 없을 정도로
맛이 좋고 향도 뛰어나다.
자식들에게 친구, 친지에게
싱싱한 채로 선물함으로써

나눔이란 의미의 기쁨을 누린다.

텃밭 농사는
비가 너무 많이 와도 탈이요
가뭄이 심해도 농사일 망친다.
적당한 규모의 농사는
절대로 지루하지 않고
노화, 노쇠를 예방한다는 차원에서
노년에 권할 만한
취미 생활의 1등 공신이다.

새벽잠의 허구(虛構)

일어나기 싫다면
자는 데까지 자거라
누가 막으랴 너 자고 있는데
잠을 깨울 자 누구냐
너는 자야만 된다.

늦게 잦으니
새벽에 못 일어남은 당연
널 보고 게으름뱅이란 비난은
널 모르고 하는 말이니라…
너는 새벽에 겨우 잠들었을 뿐인데.

스카이 대학이
뭐 그리 대단하다고 그 난리인가
너무 무리하게 집착하다간
네 몸, 네 정신이 온전하겠냐…?
적당한 선에서 후퇴하는 것도
전진을 위한 병법(兵法)이니라

꽃이 화려하다고
열매가 반드시 내실이 좋은 것은 아니다.
뿌리만 튼튼하면 메마른 땅에서도
남몰래 꽃대를 쭉 뻗고
화사한 홀씨를 피우는 민들레를
눈여겨볼 필요가 있다.

1등끼리 경주하는 것보다는
조금 못한 밭에서 유독 1등으로
우뚝 솟아나는 질주가
성공의 지름길일 수 있다.
새벽잠은 허구로 끝날 수도 있다.

신발 선택

어릴 적 신던
짚신이랑 검정 고무신이 그립다.
운동화는 애지중지(愛之重之)하여
꿰매 신을 정도로 아꼈으며
구두는 보물 격이었다.

지금은 신발장에
각종 신발이 수두룩하다.
이것저것 계절과 옷에 맞추어
신발을 골라 신고 있으니
옛날과는 격세지감(隔世之感)이다.

신발은 외출 시
나이와 멋의 적합성을 중시하지만
노년에는 발 건강을 좌우하는
기능성이 우선시된다.
발바닥, 발목, 무릎 건강을 위해
부드럽고 탄력성 있는

신발을 선택한다.

장수하고픈 사람은
자신의 발 건강도 필수이다.
편한 신발을 선택하는
현명한 지혜가 필요하다.

한여름의 입맛

올해는 유난히 더워
입맛을 도통 잃고 지냈다.

입맛도 더위를 타는지라
한참 복중엔
이것저것 먹어 보아도
맛이 전혀 덜하다.
아무리 먹성이 좋은 사람도
맛 가림을 피하지 못한다.

이열치열이라
복날엔 삼계탕집이 대만원
줄 서서 먹어 보았지만
입맛을 보완하기는 역부족

냉(冷)으로 열을 다스리고자
냉면, 냉콩국수를 즐겨도
먹을 때 시원한 기분에 국한

입맛을 다스리진 못한다.

아침, 저녁으로 시원한 바람
금세 몸이 적응하여
입맛이 돌아온다.

오늘날의 선생님

1.
교권 추락의 문제가
우리 사회 현안으로 제기되고 있습니다.
이에 맞서 한쪽에선 계속
아이들 인권이 우선이라고 주장합니다.
정치권은 패로 갈려 고함지르고
무엇이 문제인지 관심 없습니다.

2.
우리가 자랄 땐
부모님보다 선생님이 우선이었습니다.
선생님으로부터 잘못했다고
뺨을 맞아 넘어져도
작대기로 손바닥을 수차례 맞더라도
빳다로 엉덩이 맞아 멍이 들어도
그러려니 하고 참고 수긍했습니다.
부모가 나서는 일은 절대 없었습니다.

3.
지금의 엄마는

그놈의 자식이 무엇인지…
한 놈만 키우니 자식에 올인합니다.
내 자식만 귀한지
가타부타 나서서 자식만 감싸고
선생님의 입장과 존엄에 대해선
전혀 고려하지 않습니다.
선생님을 대놓고 무시하니
아이들도 선생님을 존경하지 않습니다.

4.
옛날 선생님은
어버이고 스승이며 하늘이었지만
오늘날의 선생님은
교사이기를 아예 포기하려는 자가
늘고 있습니다.
벼랑 끝에 내몰린 절박한 약자입니다.
툭 밀면 절벽 아래로 떨어질 정도로
허약하고 가엾은 존재입니다.
교사를 존중하는 사회 분위기는
언제 다시 일어날 수 있을까요…?
희망을 갖고 기다려 봅니다.

5일장의 애환

엄마 읍내 가는 날
오일장 열리는 날이다.

엄마는
여름내 힘들여 농사 진
쌀 한 말 머리에 이고
몇 푼 허리춤에
넣으려
역전 오일장에 간다.

검정 고무신 두어 개 사고
아들 줄 사탕 몇 알 챙긴 후
집에 온 엄마
고무신 아들, 딸 신겨 보고는
희색이 만연해 히쭉 웃는다.

마당 가로지른 빨랫줄
희고 검은 색 일색인 빨래에

저녁노을 빛 희미하게
엄마의 마음 감춰 주려
엷게 비춘다.

빨래 걷는 엄마 얼굴엔
근심, 걱정 찾아 볼 수 없고
벙긋한 미소에
행복이 가득 넘친다.

헛소리, 헛말

세상이 뒤숭숭하다.
코로나, 산불, 폭염에다
전쟁이 이곳저곳 끊이지 않는다.
우끄라이나 전쟁이 끝난 다음엔
한반도가 전쟁 위험 1번지라 하는데
이건 헛소리였으면 좋겠다.

나라 경제의 위험이 도사리고 있는데
모두가 서로 편 가르기에만 열중이다.
연일 막말, 못 할 말, 쌍소리만 해 대고
헛소리, 헛말을 주고받으면서
화해, 협력은 남의 일인 양 외면한다.

헛소리의 성찬은
좌절, 불안, 우울, 절망의 트라우마가
일상화, 보편화된 거짓 게임이다.
상대에게 심한 증오의 감정을 내지르고
괴성의 선동질을 일삼고 있는 꼴이

마치 미치광이 광대놀이 같다.

남보다 목소리가 커야
싸움에 이긴다는 생각이 우선이다.
옳고 그름의 문제는 아랑곳 않고
오직 내 생각, 내 편만이 올바르다는
악…악…!! 괴성의 짐승 같은 소리가
이성을 잃고 진리를 외면한 채
사회 저변을 지배하고 있다.

헛소리 정국은
국민들의 철저한 외면에도
파국으로만 치닫고 있을 뿐
해결, 해소의 실마리는 안 보여
먹구름에 밀려오는 하늘에
천둥만이 울려 대는 판세이다.

한글날 맞으며…

한글은 세계에서
가장 뛰어난 소리글로
표현의 기능과 속도 면에서
영어는 물론 어느 나라 글자보다
월등히 우수하다는 사실을
세계 언어학자들이 한결같이 인정한다.

최근 한류(韓流)에 대한
범세계적 관심의 광풍(狂風)은
반도체, 자동차, 선박 등의 수출 산업과
BTS, 운동선수, 영화인의 선전이
큰 흐름의 골을 키우고 있지만
그 기저(基底)에는 한글의 도도한 기여가
크게 작용하고 있음은 자명하다.
한글의 기본적 가치는 이렇듯
우리 민족과 백성의 혼이 한데 담긴
전 국민적 보물이요, 자산이 맞다.

우리는 한글의 높은 고마움에 대하여
너무 모르고 있거나 알아도 등한시하고
무관심으로 지나치기 일쑤이다.
아직도 영어나 한문을 중시하고
한글을 홀대하는 풍조가 도처에 있음에
아연할 뿐이다.

우리 국민 누구나
한국 문화를 발전시킴에 동참할 수 있고
컴퓨터와 핸드폰을 일상에서 늘 사용함에
거침없는 능력을 겸비하고 있는 것은
영어보다 편리한 '한글'의 덕이라는 점
깊이 명심하고 각성해야 한다.

IV. 자연을 보는 느낌

봄비

봄비가 부슬부슬
창가에도, 들판에도, 산자락에도
온 세상 만물 촉촉이 적시며
내 가슴속, 마음속에도
속속 휘젓고 내리네.

온갖 잡초들
푸름의 활기 마음껏 펼친다.
민들레 노란 꽃 청초하게 빛나고
철쭉꽃 색상의 화려함도 만개하니
내 마음 봄비에 실려
흠뻑 봄을 맞이한 느낌이다.

봄비에 세찬 바람에
화사한 봄꽃 우수수 떨어져
도랑물에 떠내려간다.
비는 그치고 금세 화사한 봄날
봄꽃 다시 만발한다.

시들고 움츠렸던 마음
활짝 피어나
다시 봄을 만끽한다.

진달래

봄이 완연하니
온 산에 진달래꽃 만발했다.
네가 있고 내가 있으며
우리 함께 활짝 웃음꽃 피우니
행복한 마음 한량없다.

산자락, 능선에도
계곡이나 산비탈, 바위틈까지도
홀로 아니면 군락 이루어
울긋불긋 빨갛게 내로라 시위하듯
마치 진달래꽃 축제인 양
환하고 밝게 웃음꽃 선사한다.

어릴 적 배고팠던 시절
진달래는 허기진 배를 보듬어 준
우리들의 꽃이었으며
해맑은 미소와 함께
꿈과 희망을 한 아름 안겨 주고

서민의 애환을 달래 준
우리들의 꽃이었다.

소월의 시가
진달래로부터 시작해서
시상의 대미를 장식했듯이
진달래를 노래하는 온갖 시들은
무궁무진하고 화려하다.
벌써 산자락 진달래는 지고
철쭉꽃이 도처에 화려하지만
진달래 여운은 오래간다.

민들레꽃

노란 꽃 일색에
흰색 꽃이 간혹 눈에 띈다.

끈질긴 번식력의 효시
기세당당하기 하늘 찌르고
잎사귀 무리 납작이 땅 짓누르며
솟아난 꽃대와 홀씨 파다하다.
100리 길 마다 않고 나는 꽃씨로
산자락, 들판, 길가 언저리엔
온통 민들레꽃 설쳐 댄다.

흔해 빠진 민들레
잡초 속에 빛나는 화초 격이다.
나물로도 약초로도 제 몫 다하니
못 본 체하면 야생초이나
뽑아 다듬으면 음식이요 약이다.

민들레꽃이 말하길

이래 흔해 빠져 온갖 괄시 받아도
장미를 부러워하는 일
절대로 없다 한다.

봉선화

장독대 옆
조그만 화단에
봉선화꽃 만발했다.

그 옛날
예쁜 누나 손톱
매일 봉선화로 예쁘게
물들이곤 또 했지

누나의 새끼손가락
그대로일까 변했을까…
지금은 봉선화 대신
매니큐어로 멋을 냈겠지.

예쁜 누나의 얼굴
지금 막 핀 봉선화처럼
연붉은 아름다움 여전했으면…

잡초 꽃

봄이 깊어 오니
길가 무성한 잡초에도
갖가지 풀꽃이 만발한다.

민들레꽃, 제비꽃, 냉이꽃…
관심 갖고 자세히
촘촘히 들여다보면
꽃 모양 아름다움 찬연하다.

사람들 외면 속에
모진 비바람 속에
잡초라고 썩썩 잘리지만
의연하게 곧 자라나
또 꽃을 피운다.

잡초 같은 인생
끈질기고 초연하게
잡초를 보고 잡초처럼
나의 앞길, 나의 살길
의연히 찾는다.

보릿고개 향수(鄉愁)

그 옛날
험난한 보릿고개는
너무 높디높아 끝 안 보였고
고난의 역정이기도 하여
넘기는 정말 힘들었다.

마을 안 기와집도
뒷마을 도랑 옆 초가집도
신작로에 접한 대장간도
모두가 보릿고개에는
쌀독 덜그렁하는 소리 들렸다.

엄마와 함께
겉보리 다리방아 찧는 날
꽁보리밥 큰 쟁반에 담아
열무, 얼갈이배추 겉절이김치와
청국장에 썩썩 비벼 먹던
그날의 애환을 어찌 잊으랴…

보릿고개 맞는 엄마
이마에 땀방울 멈출 날 없었고
고개 넘어 친정집 들락날락
곡식 몇 줌이라도 더 얻어다
자식들 주린 배 채워 주려 했다.

하늘에 계신 엄마
지금 배불리 먹는 우리들 보고
자식들 '좋겠다' 하시면서
빙그레 웃으실 게다.

여름휴가

저 남해안 끝자락
명사십리로 떠난
3일간의 휴가
하루 가고 하루 오니
진정 1일 휴가였네.

80년대 초
포니-2 초보 운전으로
그 먼 길 달리고 달려
신차 안에서의
가족여행이기도 했지

휴가라는 말
무색할 정도였다.
그땐 모두 일이 많아
1주일 휴가지만
3일 쉬고 출근했네.

그래도 그때 휴가는
휴가다운 맛을 느꼈고
즐겁고 기뻤고 흥이 났고
낭만이 있었던 것 같다.

열대야(熱帶夜)

한낮 폭염에 이은
야밤 열대야 지속은
숨통 조이어 잠을 설치게 한다.

열대야는
노인을 더 가혹하게 괴롭힌다.
노인이나 병약한 사람이
고온에 장시간 노출되면
몸이 늘어지고 헐떡거리기 일쑤다.

그 옛날 농촌에선
개울로 달려가 온몸 적시면서
몸 식혀 더위를 쫓아냈다.
마당에 멍석 깔고 모깃불 피우고
별 하나 둘 세어 가며
조용히 잠을 청한 게
열대야 피서였다.

도시의 셋방에선
부엌에서 등목으로 몸 식히고
온 식구가 선풍기 하나로
아이스케이크 하나 먹어 가며
삼복더위와 싸워 이겨 냈다.

지금 웬만한 가정에는
샤워실 있고 에어컨도 있다.
각 방엔 선풍기도 있다.
옛날과 비교하면 천당이지만
열대야엔 짜증 나고 너무 힘들다.

요즘 지구는
온통 이런저런 재난에다
너무 춥고 너무 더워
사람 살기 점점 더 힘들어진다.
지구가 저승사자로 돌변하나…?

삼복더위를 맞으며

소서(小暑)를 지나 곧
초복(初伏)을 맞아 삼복더위가 시작된다.
말복(末伏)까지 한 달여간
그야말로 찜통더위의 굴레가 씌운다.

햇볕에 오래 노출되면
'더위를 먹는' 병(病)에 걸린다.
독감, 코로나에 못지않게
기진맥진(氣盡脈盡)의 신체적 고통에다
열사병으로 둔갑하여
일거에 목숨을 잃기도 한다.

삼복더위를 맞아
어제의 폭염인 괴로움에
오늘의 열돔이란 괴로움을 얹어
허덕이는 숨길 차단되면서까지
참을 인(忍)의 한계를 체험한다.

어쩌다 먹구름 몰려와
줄기찬 소나기라도 잠시 내리면
숨 몰아쉬며 열기를 순화시켜 보지만
햇볕이 내리쬔 날 한밤중
마침내 고온다습한 열대야가 찾아온다.

폭염과 열대야를 맞이해
옛 성현들의 지혜를 답습할 수밖에
우선 장어구이로 영양식 보충하고
화채와 팥빙수 자주 먹고
냉콩국수로 저녁을 대신하니
한결 몸이 식어 가뿐해진다.

찜통더위

올여름 폭염은
성큼 더 일찍 다가왔다.
내리쬐는 햇볕은 뜨겁다 못해
등을 콕콕 찌르듯 따가움에 놀란다.
머리마저 높은 열기로 기가 막힌 듯
숨 몰아쉴 정도로 띵하고 어지럽다.

더위가 한창 기승을 부리지만
잠을 설치는 열대야는 아직이다.
큰 나무 그늘 아래 응달이나
해가 진 밤에는 견딜 만한 수준이다.

고향의 차디찬 우물 냉수 그립고
평양냉면 육수에 동치미 맛도 당긴다.
봉평막국수, 냉콩국수도 제철이다.
이 찜통더위에 줄 서서 마냥 기다리며
곳곳 맛집 찾는 마니아들 속마음
더위를 가실 수는 있을까…?
의문 가는 대목이다.

폭염은 삼복더위를 향해
점점 더 가열의 폭을 올리고 있다.
나라 경제는 점점 어두워진다 하고
물가는, 음식값은 계속 오르기만 하니
고온, 고물가에 이내 견디지 못할
내 주머니도 가벼워짐 피할 길 없다.

그 옛날 해 찌는 여름 한낮
보리방아 찧던 허름한 다리방앗간
겉보리 섞음 휘휘 젓던
엄마의 얽고 찌든 손
흰 수건 동여맨 엄마의 허름한 얼굴
모두가 아련하고 가엾은
가슴 아픈 오랜 추억이다.
그땐 '폭염'이란 말이 없었다.

소나기 단상(斷想)

소나기는
예고 없이 찾아오는 손님이다.
갑자기 서쪽 하늘에 먹구름 엉키더니
난데없이 천둥번개 수반하고
몰아치는 비바람에 떼구름 몰려오며
이내 장대비 쏟아 낸다.

들에서 땡볕에 일하는 농부나
건설 현장에서 하루 종일 일하는 근로자들
몸과 마음을 일거에 식혀 주는
소나기는 그지없이 고맙다.
마을 입구 큰 느티나무 앞산 소나무 숲도
물결치듯 이리저리 뒤척이면서
소나기 반갑게 맞는다.

때때로 소나기는
느닷없이 벼락을 동반하기도 한다.
하늘의 뜻이라고 하거늘

오래된 고목도, 길을 걷던 사람도
벼락 맞아 뜻밖에 생을 마감하기도 한다.
무엇을 잘못하고 살아서인지…
아쉬움에 난감한 마음 착잡할 뿐이다.

소나기 내림에도
음양(陰陽)의 관계가 도사리고 있다.
소나기 심하게 퍼붓다 딱 멈추고
금세 밝은 햇볕 내리쬐듯이
이내 미루나무 가지에 매미 울어 대듯이
내 인생행로에도 양(陽)쪽으로
밝은 문 활짝 열렸으면 좋겠다.

소나기 찬가

세찬 소나기
한동안 퍼붓고 나더니
온 동네 이곳저곳
깨끗이 말끔해졌네.

소낙비의 청량감
후덥지근한 열기 밀어내고
마음마저 상쾌해졌지.

소나기 멈추니
먹구름 몰고 온 서산마루
느닷없이 무지개 기울고
맑고 파랗게 변한 하늘
모두 아름다운 정경이네.

소나기성 잔치인가
햇볕 반짝 빛나자
개울가 미루나무 매미 울고

고추잠자리 떼 지어 날아
여름 가는 하모니 연출하네.

소낙비와 어우러진
한 폭의 풍경 파노라마
나도 너도 소나기처럼
삶의 시원한 존재로
자리매김하면 좋겠네.

계곡에서의 피서

계곡에 들어서면
신선한 공기 바람에
시원하고 상쾌해지어
기분 전환 된다.

계곡물에 발 담그면
체온 내려가고
갈증 해소되어
더위도 금세 잊는다.

계곡에 누우면
졸졸 물소리에
지저귀는 새소리 겹치고
바람 소리 다가와
마음 기쁨 충만해진다.

넘치는 물줄기도
울창한 숲도
옹기종기 바위들도
모두모두 내 편이다.

강물의 범람

1.
수해는 무섭다.
이번에 하늘나라로 가신 손님들
물을 원망할까, 정부를 탓할까…
하늘의 짓이라고, 아니면 내 잘못이라고…
수해는 전국적이고 전 세계적이다.
매년 반복해 당하는 일
예방하고 극복하는 데는
언제나 모자라고 한계가 있다.

2.
수해 방지의 핵(核)은 댐이다.
한강에 댐이 없던 옛 시절
장마가 무섭게 오면
지금은 전혀 볼 수 없는
집, 황소, 사람이 떠내려갔다.
강변 가 동네와 서울의 저지대는
연례행사처럼 물에 잠겼다.

3.
물은 차면 넘친다.
강물의 범람이나 산사태의 빈발은
자연의 이치이고 순리이기도 하다.
수해 예방, 대비에 관한 종합 훈련이
주기적으로 반복 실행된다면
피해를 최소한으로 줄일 수 있고
예방도 가능하다.

4.
인재(人災)가 더 심하다.
산사태, 지하차도 침수는 인재이다.
산간 지역의 난개발을 막고
교량, 지하차도 건설에서
인명(人命) 중시의 공사가 시행되었다면
또한 댐 해체를 금지하고
계획대로 하천 정비를 완료했다면
사고는 미연에 방지할 수 있었다.

5.
수해를 당한 후
사후약방문식 되풀이 대처는
인명 경시의 후진국형 재난이다.
하루 빨리 수해로부터 벗어나는 게
선진국 안착의 지름길이다.

홍수의 책임

홍수는 천재지변으로
매년 당하고 피하질 못한다.
재난에 대한 책임은
당사자, 관리자, 국민 모두에게 있다는
항간의 지적에 자유롭지 못하다.

폭우는 막을 수 없을지라도
홍수는 예방하거나 최소화할 수 있고
효율적 사후 처리로
재난을 입은 사람들의 피해를
보상해 주고 치유해 주면
그들의 재기도 보증할 수 있다.

철저한 책임 추궁이 긴요하다.
사고 때마다 책임자에 대한 벌은
어물쩍 대충 넘어가기 일쑤다.
책임 공방의 여론이 드세기만 할 뿐
적재적소의 법적, 합리적 책임 추궁이
미흡하고 안일하다.

비극의 재발 방지가 우선이다.
당사자들의 피해를 보상해 주어야 한다.
수박 겉 핥기 식의 땜질 처방은
재난 재발 방지에 백해무익이다.
영구적인 대비책 강구가
그 어느 때보다 시급하다.

바다와의 약속

넓고 푸른 바다
바다는 끝없고 아득하기만 하며
때로는 검은 바다로 돌변한다.

바다가 있어
꿈과 낭만이 자리하고
연인의 사랑도 있으며
친구의 우정도 그곳에 존재한다.

바다를 바라보며
출렁이는 파도 소리 마주하고
손잡고 모래사장 거닌다.
저 멀리 끝자락 갯바위 돌아올 때
우리의 사랑은 무르익고…

곤경에 처했을 때
바다를 찾아 나서곤 했다.
내 모든 것 바닷물에 다 버리고

갈매기처럼 훨훨 날아가 버리라고
바다와 굳게 약속했었지.

바다는
모든 고민의 해결사가 아니다.
그래도 바다에 다녀오면
마음은 한결 홀가분해진다.

바다는 나의 친구요,
피서지고 안식처였고
사랑하는 연인이었음이 맞다.

가을이 오면…

칠석날, 처서를 앞두고
열대야도 폭염도 장마도 한물간 듯
아침저녁으로 시원한 바람에
하늘은 파랗고 제법 멀어진 것 같다.

한낮 더위는 제자리라
선풍기, 에어컨 의존이 여전하고
산책길 등골엔 땀방울도 이어진다.
지친 숨결 가파름도 변함없다.

가을 예고는 뚜렷하다.
산비탈 텃밭에는
고추가 빨갛게 익어 보기 좋고
둥그런 늙은 호박도 제 모습 찾는다.
나무 위 매미들 떼로 모아 울어 대며
개울가 고추잠자리 떼 지어 난다.
산새 지저귐도 한결 시끄럽게 들린다.

가을이 곧 오면
금년 3분의 2 덧없이 지나간 셈이다.
올해 무엇을 하였고 앞으로는 어떻게…
반성 후 결심하고 또 후회할 것인지
지금까지 건강했고 열심히 살았는데 뭐
그래도 아쉬움 많았고 부실했다.
새로운 각오(覺悟)는 또 필요하다.

가을, 고독의 날개

가을은 상념의 계절
생각하고 더 생각하며 깊은 곳으로
고독의 거미줄에
고독의 늪에
고독의 깊은 감칠맛에
그만 올가미 덫에 걸리고 만다.

고독의 즐김은 인생사이다.
고독은 고독을 낳고
고독의 단맛 쓴맛 떫은맛을 두루 보아야
고독의 진수(眞髓)를 알 수 있다.
아… 이게 고독이구나 하며
고독은 또 다른 진정한 고독에서
사색의 늪에 빠져든다.

고독은 원래 열림을 싫어하고
닫힘에 이은 폐쇄를 즐긴다.
진정한 고독에서 고독 중독으로 이어져
마침내 고독의 결정체가 탄생한다.

고독의 계절에
깊고 깊은 고독을 감내하고
이를 극복해 나가는 사람이
바로 지성인이고 문화인이다.
고독을 즐기면서
고독의 과정과 습성에 익숙하고
고독에 묻히어 끝내
고독에 날개를 다는 사람만이
문화 창조의 리더가 될 수 있다.

갈대숲 사랑

1.
코스모스 꽃길 지나
갈대숲 지나고 있습니다.
지난날 그대와 같이
거닐던 갈대숲은 여전합니다.
파란 하늘도 출렁이는 갈대 물결도
새소리 바람 소리도 갈대 소리도
그 시절 은빛 갈대 모습
조금도 변함없습니다.

2.
그땐 바람이 세찼지만
갈대 숲속은 아늑했습니다.
사랑한다고 용기 내어 말할 때
저도요…라고 한 답은
지금도 귓속을 울리고 있습니다.
그 사랑 맹세가 변함없다고
흔들리는 저 갈대숲이
여실히 보여 주고 있습니다.

3.
오늘도 갈대숲은
온몸으로 흔들어 물결치고
제 몸끼리 부딪쳐 대며
서걱대며 울부짖고 있습니다.
아무리 갈대의 순정이
헤어짐을 의미한다 하더라도
우리의 사랑은 영원이고
주춧돌처럼 굳건합니다.

4.
갈대는
바람에 흔들려 쓰러져도
죽은 듯 누워 있다가도
다시 일어서는 강인함이 있습니다.
우리의 갈대숲 사랑은
그 어떤 난관에 처하더라도
갈대의 습성 거울 삼아
다시 우뚝 서는
절개를 갖추고 있습니다.

코스모스 꽃길

외갓집 가는 길
코스모스 만발한 저수지 둑방 길

이맘때
코스모스꽃 활짝 피고
엄마 손잡고 걸어가던 길
하늘은 마냥 드높고 파란데
저수지 물결 위엔
고추잠자리 떼 지어 날고
산자락 밤송이 힘겨워 벌어졌지
들판은 누렇게 익어 갔네

엄마는
코스모스꽃 한 송이 꺾어
내 옷 주머니에 꽂아 주곤
너는 코스모스꽃처럼
아름답고 우아하게 잘 커야
이담에 훌륭한 사람 된다고
애써 강조하셨는데…

엄마는 올해도
그 꽃길 언저리 하늘에서
내 아들 걱정하며 굽어보실 거야
파란만장한 내 인생 살아온 길
애틋한 모습으로 나를 지켜보는
엄마의 걱정스러운 눈길
만족하실까… 못 하시겠지.

해바라기

해바라기는
해만 보고 쫓다
그만 미소를 머금고
고개를 숙이고 말았죠.

해바라기는
그리움에 지친 나머지
그만 외로움 안고
노랗게 물들고 말았죠.

해바라기는
향기를 가득 안은 채
가을 햇볕 막을 길 없어
까맣게 멍들고 말았죠.

가을 찬가

가을은 남자의 계절
아무리 칭찬을 퍼부어도
넘치거나 버겁거나 지나치지 않다.
그만큼 가을은 좋은 때다.

가을이야말로
여름의 폭우, 폭염, 열대야를
말끔히 잊게 하고
새로운 기분으로 새 각오로
내 안의 나를 찾고
새 기운 돋우어 페달을 밟게 한다.

숲속의 바람 소리
새들의 지저귀는 소리
소리쳤노라 울부짖었노라…
끝없는 파란 하늘 우러러보며
난 한 점의 부끄러움도 없이
살았고 살아갈 참이라고

가을을 즐겨라…
밤하늘의 빛나는 별도 딸 수 있고
둥근 달도 딸 수 있다.
조금 더 비우고 내리고
나누고 도우면
스스로의 역량과 매력은 넘친다.
가을하늘 사랑하고 즐기면
모든 게 다 100점이다.

가을 하늘

파란 하늘은
구름 한 점 없이 깔끔하고
티 없이 맑아 산뜻하다.
하늘과 바다가 만나는
검붉은 저녁노을의 정경이야말로
황홀경이다.

가을 하늘은
가슴에 품고 바라만 보아도
내 마음 향한 안식처이자
꿈을 머금은 영혼의 숨결이다.
고난과 고통을 치유해 주는
반려자이고 해결사인 셈이다.

가을 하늘에 담겨 있는
고독과 사색은 어느 결에
자성(自省)의 무거운 날개를 달고
내게 성큼 다가와

지성(知性)의 담금질을 이루어
내 안의 나를 뚜렷하고 반듯하게
각인시켜 준다.

가을은
하늘처럼, 햇빛처럼, 바람처럼
해맑고 고운 마음 짙게 한다.
발갛게 익어 가는 대추알처럼
노랗게 물든 은행잎처럼
나를 성숙하게 만들어 주는
고마운 계절이여…!!
가을을 사랑한다.

한가위 보름달

추석날 저녁
휘영청 홀로 보름달이 떴네.
둥그렇게 쟁반 같은 보름달
나의 반려자여…
올해는 무얼 갖고 오시나

보름달 쳐다보며
만남의 그리움 되새긴다.
기쁨과 환희, 서러움과 슬픔 싣고는
내 고향 초가집으로 내달린다.
황금빛 달무리엔 어렴풋이
아버지 엄마의 얼굴 비치네.
이 순간의 만남이여…

그 얼굴의 그 엄마
흰 수건 질끈 둘러매고
국방색 몸뻬 허리에 걸치고
쪽마루에서 맷돌 돌리던 엄마

산뜻하게 보이긴 하지만
그지없이 처연한 모습이네.

보름달 달빛에 담긴
진솔한 내 마음
옛집 풍경의 향수에 젖어
만남의 위안을 찾아 보았지만
그리움 짙은 골에
상처만 더 깊어지네.

낙엽의 삶

낙엽을 지켜보며
생각의 운치를 키워 본다.
한 잎 두 잎 흩날리는 낙엽 모습
그냥 지나칠 수 없고
못 본 체 외면하기 어렵고
떨어지는 낙엽에 담긴
삶의 의미를 되새겨 본다.

늦가을 차디찬 비바람에
여름내 푸름을 자랑하던 나뭇잎
우수수 떨어져 포개어지더니
촉촉이 적시어 산길 덮는다.
삶의 끝자락이 필연이라고
자연의 순리를 음미하고 있네.

수북이 쌓인 낙엽
촉촉이 젖어 있는 낙엽
사뿐히 지르밟으며 지나간다.

빛바랜 가랑잎 보는 마음
가을을 타는 성격 탓인가…
아프고 시리고 아려서인지
가슴속 한(恨) 깊어만 가네.

낙엽은 이내
몸 다 바쳐 희생의 길 택해
흙 속에 묻히어 새봄을 기린다.
나무의 슬픈 날개는
새싹의 빛을 돋우어 주는 힘으로
삶을 마감하고 행복해한다.

겨울나기를 위해선…

날씨가 추워지니
몸도 마음도 움츠러들고
움직임도 게을러 뜸해진다.
머릿속 헤아림도 느리고 처지는데
노인의 겨울나기의 어려움일 게다.

춥다고 느낄수록
온갖 부지런함 오간 데 없고
둘레길 걷기마저 줄어들고
건강에 대한 불안감마저 높아 간다.
냉기(冷氣)에 제대로 맞서지 못하고
이불속 따듯함에만 길들여진다.
세상의 야속함도 깊어만 간다고
뜬금없이 자신을 책한다.

겨울은 깊어 가고
앙상한 나뭇가지 나목을 보고는
추위를 이겨 내지 못하면서

우울함의 나락으로 빠져들고
으쓱으쓱 춥다는 느낌에만 파묻히어
겨울만의 갖가지 앙상블을
피하기만 한다,

겨울이 가면
봄이 오고 꽃은 또 핀다.
겨울은 영원하지도 않고
겨울 추위 영원하지도 않다.
그 옛날 6.25 전후를 돌아보면
전방 고지에서 보초 설 때를 그려 보면
시베리아에서의 겨울과 비교하면
지금의 추위는
추위도 아니고 오히려 따듯함이니라.

이 정도 추위는 즐기면서 살 수 있다.
고통도 우울함도 잊고 살자.
오늘의 겨울나기는 식은 죽 먹기다.

눈꽃 사랑

밤새 함박눈 난무하더니
황량한 들판은 눈밭으로 변하고
이 산 저 산 눈산(雪山)이 절경을 이룬다.

우리 집 정자나무에도
하얀 눈꽃 겹겹이 활짝 피어나
어렵사리 대롱대롱 매달려 있고
뒷마을 산자락 고목(古木)에도
우물가 오동나무 나목(裸木)에도
화사한 흰 꽃 아롱아롱 빛나네…

눈꽃에 오롯이 담은
순백의 미(美)와 순결의 정(情)
온유함과 청순함도 아련히 간직한 채
우아함과 고귀함에 그만
우두커니 바라보다
내 마음 혼을 온통 빼앗겼네.

산의 정상 쪽
숲속에 어우러진 눈꽃 잔치는
상상을 초월하는
한 폭의 유명한 수채화요 비경이다.
태백산 눈꽃에 버금가는
환희의 절정이요 낭만의 기쁨이다.

저 화사한 눈꽃의 어울림은
찌든 우리 사회의 죄과를 덮어 주고
반듯한 희망을 열어 주고
우리들의 처절한 염원을 담고 있는
새봄의 전도사일 것이 분명하며
눈꽃을 사랑하는 이유이기도 하다.

새해엔 더 긍정적인 삶을…

긍정의 생각은
온화하고 넓은 마음씨
바다나 황금벌판 닮았는지
마음 씀씀이가 남보다 앞서고
남을 배려함도 넘친다.

긍정적인 사람은
언제나 마음이 맑고 깨끗하다.
옹달샘이나 파란 하늘 닮았는지
양보의 미덕이 가득 차고
진실을 제일로 중시한다.

그는 언제나
누구보다 나눔과 베풂에 솔선한다.
옛 경주 최씨 갑부의 행적이나
제주 의녀(義女) 김만덕 씨를 닮았는지
양보와 겸양의 미덕을 겸비한
올바른 의인(義人)이나 다름없다.

새해 들어
이들의 삶을 본받아 살아가면
어둠이 깃들 곳 없고
그늘이 들 틈도 없으며
운(運)과 복(福)이 비껴갈 수도 없다.
사랑과 행운이 늘 함께
내 곁은 떠날 수 없을 것이다.

시작 노트

　이번 시집2는 첫 시집보다 진일보한 내용이었으면 좋겠다 싶다. 또한 제3자의 입장에서 보아도 그렇다고 수긍할 만한 시집이라는 평이 나오기를 간절히 바란다. 모든 게 여의치 못하더라도 최소한 '이만하면'이라는 자부심이라도 가질 수 있다면 대만족이긴 하다. 설사 그렇지 못하더라도 시집을 또 한 권 작성하고 집대성하여 마무리하였다는 사실만으로도 나로선 무한의 영광이고 자랑거리이기도 하다. 이를테면 남을 위해 글을 쓰고 시집을 만드는 것이 아니고 나를 위하고 내 삶의 보람을 갖기 위해서라는 나의 기본적인 목표에서는 이 시집만으로도 만족감을 갖는다.

　시를 잘 쓰기 위해선 우선 사람의 됨됨이가 시인다워야 한다. 아무나 시를 잘 쓸 수 있는 것은 아니니까 이르는 말이다. 아무리 시인답다 하더라도 노력하지 않는 사람, 공부하지 않는 사람, 사람 되기를 거부하는 사람은 시인이 될 수 없다. 시인의 자질을 갖추고 있더라도 항상 더 좋은 시를 쓸 수 있도록 시작의 능력을 항상 갈고닦는 사람이 훌륭한 시인으로 성장할 수 있다 하겠다. 다만 어느 일이든 첫술에 배부를 수는 없다. 시집1보다는 제2권이 내용 면에서 발전하였고 진일보하였다는 내 자신의 기준과 판단에 만족감을 갖는다.

무릇 새 시집은 '열린 마음의 등불'이 되었으면 한다. 시문 하나하나가 7, 80여 년 열심히 살아온 사람들에게 '여생의 길잡이'가 되었으면 하는 게 나 자신의 솔직한 소망이다. 너무 과대한 바람인지는 모르지만 그러한 심정으로 시 한 편 한 편에 모든 정성을 쏟아부은 것은 틀림없다. 시문을 작성함에 있어서 가급적 어려운 낱말이나 상투적인 표현은 피하고 짧은 글에 마음속 생각을 모두 함축하여 나타내려고 노력하였다. 시작의 기술 면에서 미흡하더라도 명문(名文)의 뜻을 각 시문에 아로새긴다는 목표를 구현하려고 애썼음은 사실이다.

노인은 언제나 쉬어 간다는 마음으로 삶의 여유를 갖고, 절대로 절망하지 말며 돌아가도 된다는 이른바 유유자적(悠悠自適)의 마음가짐이 필요하다. 시인은 '나이 듦의 미학'에서

    나이를 잊고
    욕심을 비우고 내리고 접고
    열심히 바르게 살면

> 나이 듦의 아름다운 본질은
> 저절로 이루어진다.

라고 역설하고 있다. 사람은 누구나 노화를 지연시키고 싶어 하며 장수하기를 원한다. 욕심을 비우고 바르게 열심히 살면 젊음으로의 환생은 물론 장수하게 되는 복(福)을 받을 수 있다는 논리이다. 100세 시대가 도래한 오늘날, 시대적 과제인 장수의 비결은 따로 보관되어 있는 것이 아니라 내가 직접 만들고 실천하는 것이 올바른 해결책이라는 것이다.

열린 마음은 시 '욕심과 탐욕의 덫'에서 은유의 빛을 더 발하고 있다. 우리 국민은 어느 때부터인가 선진국이 되었다고 자화자찬하지만 욕심의 기관차는 그대로이고 인간의 존엄성도 등한시되고 있다고 날 선 비판을 가한다. 우리 사회의 병리 현상은 개선되지 못하고 있다고 하면서 이러한 탐욕의 덫은 망국의 지름길이 될 것이라고 개탄하고 있음을 본다.

시 '삶의 여유와 건강'은 노인이 앞으로 5년 아니 10년을 더 산다면 이렇게 살아야 한다는 삶의 방향을 제시하고 있다. 이는 앞으로 살아가면서 노인을 포함해 누구나 삶의 귀감으로 삼아야 할 충분한 가치가 있다. 지금 80대의 사람은 그 옛날 힘든 삶의 보릿고개를 다 경험하고 자랐음을 잊지 말아야 한다는 것이다. 늘 회춘이란 꿈에 연연하지 말고 조금이라도 회춘을 바란다면 항상 '걸어야 한다'는 아주 보편적인 건강 상식에 주의할 필요가 있다는 것이다. 시인은 '걷기 예찬론'에서

> 건강을 위해선 좋은 약보다는
> 좋은 음식보다는 걷기가 더 효과적이다.
> 걸을 수 있다는 것은
> 하늘의 은혜이자
> 축복받은 사람의 건강한 모습이다.
> 오늘도 적당히 힘껏 걷자.

라고 강조하고 있다. 걷기는 노인 건강의 대표적인 테마이다. 누구나 매일 걷고 있지만 정해진 시간에 자신에 알맞게 걸을 수 있다면 건강을 보장받을 수 있다는 것이다. 또한 부지런하게 착한 마음 갖고 부부 일심동체라는 의미에서 아내와 함께 숲속을 거닐면 금상첨화이다. 정말 늙어서 걸을 수 있다는 것은 하늘의 은혜이자 축복이 맞다. 사실 걷는 데는 제약이 없다. 언제 어디서나 걸을 수 있다. 꼭 숲속, 산책길, 도로가 아니더라도 심지어는 방 안에서도 걸을 수 있다. 지압판 위에서도 얼마든지 걸을 수 있는 것이다. 걸으면 살고 걸으면 행복하며 회춘할 수 있다는 것은 진리이다.

진정 노인들 삶은 일상에서 보람을 갖고 사는지의 여부가 중요한 인자이다. 아마 노인 시대에 걸맞은 소풍 같은 삶을 영위한다면 진정한 행복을 누리는 삶이라고 말할 수 있다. '소풍 같은 삶'의 시에서 추구하고 있는 진정한 삶은 어떠한 삶일까…?

> 진정한 삶은
> 소풍 같은 삶이라고 하는데
> 나는 지난날
> 매사에 감사하고 또 감사하며
> 좋은 사람으로
> 착한 사람으로
> 사회에 헌신하며 살아왔는지…?

1950년대 초등학교 시절 찢어지게 가난했던 그때, 우리는 소풍 가는 전날 밤 어린 나이에도 기쁘고 즐거워서 잠을 설치곤 했다. 지금 노년의 우리네 삶이 그렇게 내일의 일이 즐거워서 밤잠을 못 자는 경우는 없고 있을 수도 없다. 설사 즐거운 일이 있더라도 잠까지 설치지는 않는다. 괴로운 일, 서글픈 일, 큰 사건 사고가 없는 일상이라면 행복한 삶이요, 소풍 같은 삶이라고 평할 수 있다 하겠다. 착하고 부지런하게 매사에 감사하고 산다면 그 삶은 축복받은 삶이요, 소풍 같은 삶이라 할 수 있다.

우리는 나이가 들수록 자연과의 관계가 밀접하고 자연과 합이 이루어지는 삶이라야 행복과 건강이 담보될 수 있다. 노인의 건강은 자연과 분리되어선 불가능하다는 것을 이르는 말이다. 자연을 보는 시인의 온갖 느낌은 계절의 변화에 따라 질곡을 찌르면서 심취의 도를 가해야 한다. 개나리, 진달래, 민들레, 봉선화로부터 시작된 봄꽃의 향기가 가시기도 전에 여름의 진한 맛이 성큼 다가온다. 지긋지긋한 장마와 삼복더위를 피하려고 바다를 바라보며 마음을 달랜다. 금세 가을인가 하였더니 빛바랜 낙엽을 보고 쓸쓸히 한숨 짓는 노인의 모습이 떠오른다. 수북이 쌓인 낙엽을 바라보는 시 '낙엽의 삶'은

　　　수북이 쌓인 낙엽
　　　촉촉이 젖어 있는 낙엽
　　　빛바랜 가랑잎 보는 마음
　　　가을을 타는 성격 탓인가…
　　　아프고 시리고 아려서인지
　　　가슴속 한(恨) 깊어만 가네.

라고 읊조리고 있다. 가을은 남자의 계절이라고 하는데 깊어가는 가을에 고독의 날개를 단 시상은 고독 속으로 깊게 함몰되어 고독을 즐기는 모습이 처연하게 표현되고 있다. 삶은 어차피 떨어지는 낙엽일 수밖에 없다는 한계를 극복하면서

좀 더 긍정적으로 바르고 부지런하게 살아야 남은 생이 행복해질 수 있다는 삶의 의미를 폭넓게 관조하고 있다. 노인이라도 코스모스 꽃길을 걸으면서 해바라기처럼 가을 하늘 바라보면서 아프고 시린 마음을 극복하는 슬기로움이 있어야 한다는 것이다.